偶像的黄昏

Götzen-Dämmerung

［德］弗里德里希·威廉·尼采 著
封诚诚 译

北方联合出版传媒(集团)股份有限公司
万卷出版有限责任公司

图书在版编目（CIP）数据

偶像的黄昏 /（德）弗里德里希·威廉·尼采著；封诚诚译. —沈阳：万卷出版有限责任公司，2023.7

ISBN 978-7-5470-6243-2

Ⅰ.①偶… Ⅱ.①弗… ②封… Ⅲ.①尼采（Nietzsche, Friedrich Wilhelm 1844—1900）—哲学思想 Ⅳ.①B516.47

中国国家版本馆CIP数据核字（2023）第060739号

出 品 人：王维良
出版发行：北方联合出版传媒（集团）股份有限公司
万卷出版有限责任公司
（地址：沈阳市和平区十一纬路29号 邮编：110003）
印 刷 者：辽宁新华印务有限公司
经 销 者：全国新华书店
幅面尺寸：145mm×210mm
字 数：115千字
印 张：7.5
出版时间：2023年7月第1版
印刷时间：2023年7月第1次印刷
责任编辑：王 越
责任校对：张 莹
封面设计：仙 境
版式设计：李英辉
ISBN 978-7-5470-6243-2
定 价：38.00元
联系电话：024-23284090
传 真：024-23284448

前　言

在一个混沌不清、责任重大的事件中，保持自己的心情愉悦绝非一项简单的技能。然而，还有什么比心情愉悦更为重要的呢？任何事件的成功都离不开高涨的情绪。只有力量过剩才是强有力的证明。——重估一切价值，这项挑战如此沉重，如此恐怖，以至于给发起这项挑战的人也投下了阴影——这样一种身负使命的命运迫使他每时每刻都要奔向阳光，去抖落他身上那沉重的、日渐沉重的严肃性。为此，任何一种手段都是合理的，任何一个“事件”都是幸运的，特别是战争。战争一直是所有太过内向、太过深沉之人物的大智慧；即使受伤，也仍保有治愈的力量。长久以来，有一句格言一直是我的座右铭，我对饱学之士的好奇心隐瞒了它的出处：

精神借伤口而增长，力量因伤口而增强。[①]

在某些情况下，也许另一种康复方式对我来说更为可取，那就是探听偶像的底细……在这个世界上，偶像多于现实；它是我看待这个世界的“恶毒的眼神”，也是我倾听这个世界的“恶毒的耳朵”……在这里，如果我们用锤子问问题，那么听到的答案也许就是从那著名的便便大腹中发出的低沉之声——对于一个耳朵后面还有耳朵的人来说，这是一件多么令人高兴的事情啊，——对于我这个老心理学家和捕鼠人来说，恰恰是那些想要保持沉默的东西，必须得大声地宣泄出来……

这本书也是如此——书名就说明了这一点——它首先是一次消遣，是一片日斑，是一个心理学家慵懒之下的荒唐之举。或许还是一场新的战争？是新的偶像在

① 原文为拉丁语“increscunt animi, virescit volnere virtus.”，是古罗马编年史家安提阿斯的名句。

被探听底细？……这本小小的册子是一场伟大的宣战；至于探听偶像的底细一事，这一次指的不是时代的偶像，而是永恒的偶像，它们于此处被我用锤子敲打，就像被音叉触动一样——根本没有比它们更古老、更令人信服、更浮夸的偶像了……也没有比它们更空洞的偶像了……这并不妨碍它们成为最为人所信仰的人；也有人说，尤其是在最高贵的场合中，它们完全不是偶像……

都灵，1888 年 9 月 30 日

《一切价值的重估》第一卷完稿之日

所有的价值都走到了尽头。

弗里德里希·尼采

目　录

格言与箭

1

懒惰是一切心理学的开端。怎么？难道心理学是一种——恶习？

2

即便是我们中最有勇气的人，也不常有勇气去做他原本知道的事情……

3

要独自生活，人就必须是一个动物或是一个神——亚里士多德如是说。这里没有说到第三种情况：人必须两者兼之，即一个哲学家……

4

“一切真理都是单一的。”[1]这不是一个双重谎言吗？——

5

对于许多事情，我永远不想知道。——智慧也为认识划定了界限。

6

人能够在野性中最有效地从他的非本性中、从他的精神性中恢复过来……

---

① 参见叔本华的名言“simplex sigillum veri”（“单一是真理的标识”）。

7

怎么，人只是上帝的一个错误？或者说，上帝只是人的一个错误？——

8

来自生活的战争学校。——那没能杀死我的，必将使我更加强大。[①]

9

你自助，然后每个人都会助你。博爱的原则。

10

面对自己的行为，人不能怯懦！也不能在事后对其不闻不问。——良心的谴责是不体面的。[②]

---

① 参见尼采的自传体著作《瞧！这个人》。

② 参见尼采的《论道德的谱系》中对于良心谴责的论述。

11

一头驴子[①]可以是悲剧性的吗？——人会在一种既无法承担，又无法抛弃的重负下毁灭吗？……这就是哲学家的案例。

12

如果一个人拥有了他生命里的“为何”，就几乎能够经受得住所有的“如何”。——人并不追求幸福；只有英国人这样做。

13

男人创造了女人——到底用了什么？用他上帝的肋骨，——他“理想”的肋骨……[②]

---

① 参见一个古老的哲学预言“比里当的驴子”：一头饥饿的驴子身边有两堆同样大小、距离相等的散发着香味的粮草。驴子不知道吃哪一堆，最后饿死了。这种在决策中犹豫不定的现象称为“布里丹毛驴效应”。

② 参见法国作家龚古尔兄弟的作品《龚古尔兄弟日记》。

14

什么？你在寻找？你想让自己的力量增加十倍、百倍？你在寻找信徒？——去寻找零吧！——

15

不合时宜的人——比如说我——比起合时宜的人，更不易被理解，但更易被倾听。严格来说：我们从未被理解——我们的权威即由此而来……

16

在女人中间。——“真理？哦，您不认识真理！它难道不是对我们所有羞耻心的谋杀吗？”

17

这是一位艺术家，正如我喜欢的艺术家，他的要求并不高：他真正想要的只有两样东西，他的面包和他的

艺术，——panem et Circen...[1]

18

不知道如何把自己的意志放到事物中的人，至少还是把一种意义放到这些事物中；也就是说，他相信有一种意志已经在事物中了（“信仰”的原则）。

19

怎么？你们选择了美德和高尚的胸怀，却又用嫉妒的眼神盯着那无忧无虑者的好处？——但人们有了美德，就会放弃这“好处”……（写在一个反犹太主义者的房门上。）

20

十足的女人摆弄文学，就好像是在犯下一个小小的罪行：她尝试性地、顺便地、左顾右盼地，看看是否有

① 拉丁语，意为面包与喀耳刻。喀耳刻是古希腊神话中的巫术女神，尼采在这里暗指这种艺术是一种魔法。

人注意她，并让人注意她……

21

将自己置身于不需要任何虚假美德的环境中，就像走钢丝的人站在绳索上一样，要么跌倒，要么站立——或者逃脱……

22

“恶人无歌。”[①]——但俄罗斯人为什么会有歌？

23

“德国精神”：十八年来[②]一直是语词的矛盾[③]。

24

为了寻找初心，人就成了螃蟹。历史学家向后看，

① 出自德国诗人索伊默（1763—1810）的诗《颂歌》。

② 指 1871 年德意志帝国成立以来。

③ 原文为拉丁语“contradictio in adjecto”。

最终，他也相信了后面的东西。

25

知足常乐，甚至能预防感冒。是否有一个衣着光鲜的女人患过感冒？——我且提出这样的假设：在她几乎一丝不挂的情况下。

26

我不信任一切体系的缔造者，并规避它们。追求体系的意志是缺乏诚实的表现。

27

人们认为女人是深奥的——为什么呢？因为人们从来没有深入研究过女人。女人还未曾肤浅过。[①]

28

如果女人有男人的美德，她就会令人难以忍受；如

① 参见《龚古尔兄弟日记》。

果她没有男人的美德，她自己又难以忍受。

29

“良知曾经不得不啃咬多少东西？它的牙齿有多坚固？——今天呢？缺少了什么？”——一位牙医的疑问。

30

一个人很少只轻率一次。在第一次轻率时，他总是做得太多。这就是为什么一个人通常会犯第二次——而现在他又做得太少……

31

被踩踏的虫子会蜷缩起来。这是明智之举。它因此减少了再次被踩踏的概率。用道德的语言来说就是：谦恭。

32

有一种对谎言和伪装的憎恨来自敏感的荣誉感；还有一种同样的憎恨来自懦弱，因为撒谎是被神圣的戒律所禁止的。太懦弱，而不敢撒谎……

33

属于幸福的东西是多么少！[1]一支风笛的声音。——没有音乐，生活将是一个错误。德国人认为，就连上帝也在唱歌。

34

一个人只有坐下来才能思考和写作[2]（G. 福楼拜）[3]——我因而抓住了你，虚无主义者！久坐恰恰是反对圣灵的罪。只有散步获得的思想才有价值。

35

有一些现象：我们的心理学家像马儿一样陷入了不安。我们看到自己的影子在我们面前，于是摇摆不定；心理学家必须把目光从自己身上移开，才能看到些什么。

---

① 参见尼采的著作《查拉图斯特拉如是说》。

② 法语，On ne peut penser et écrire qu' assis。参见莫泊桑为《福楼拜致乔治·桑的信》所写的前言。

③ 居斯塔夫 · 福楼拜（1821—1880），法国著名作家。

36

我们这些非道德主义者是否会对美德造成伤害？就像无政府主义者对君主们造成的伤害一样少。只有在被刺杀后，君主们才再次稳稳地坐在了自己的宝座上。道德：人们必须向道德开火。

37

你跑在前头？——你是作为一个牧羊人，还是作为一个例外？或许还有第三种情况，是逃亡者……第一个良心问题。

38

你是真实的吗？还是只是一个演员？是一个代表？还是被代表者本身？——最后，你甚至只是一个被伪造出来的演员……第二个良心问题。

39

失望者说。——我寻找伟大的人，但我找到的始终只是他们理想中的猿猴。

40

你是一个旁观者吗？还是一个施以援手的人？——抑或那个视而不见，走向一边的人？…… 第三个良心问题。

41

你要结伴而行？还是行于前头？抑或是让人代行？…… 你必须知道你想要什么，并且你真的想要它。第四个良心问题。

42

这是我的台阶，我拾级而上，——为此我必须跨越它们。但它们以为，我要坐在它们上面休息……

43

我保留权利,这又有什么！我拥有太多的权利。——今天谁能笑得最好，也就笑到最后。

44

我的幸福公式：一个“是”，一个“不是”，一条直线，一个目标……[1]

---

① 参见尼采的著作《敌基督者》。

苏格拉底[1]的问题

① 古希腊著名的思想家、哲学家、教育家、公民陪审员，他和他的学生柏拉图，以及柏拉图的学生亚里士多德被并称为“古希腊三贤”。

1

在任何一个时代，最聪明的人都对生命做出了相同的评价：百无一用……人们时时处处能从他们的嘴里听到同一种声音——一种充满怀疑，充满忧郁，充满对生命的厌倦，充满对生命的抵抗的声音。甚至苏格拉底，他在弥留之际也说："生命——就是一场旷日持久的病态：我欠医神阿斯克勒庇俄斯[①]一只公鸡[②]。"苏格拉底也厌倦了生命。——这能说明什么呢？它指向了什么呢？——从前有人会说（——哦，有人说过了，振聋

① 古希腊神话中的医神。

② 引自柏拉图《斐多篇》。古希腊的病人会在医神阿斯克勒庇俄斯的神庙中过夜并向他奉献公鸡，以求病愈。苏格拉底此话的意思是，死亡是对生命疾病的治疗。

发聩，我们的悲观主义者带头！）：“无论如何，这里一定有什么是真的！智者的一致性（拉丁语：consensus sapientium）证明着真理。”——今天我们还能这样说吗？我们会被允许这样做吗？“无论如何，这里一定有什么是病态的。”——让我们来回答：一切时代最最聪明的人，人们应该近距离仔细观察他们！他们都不再健康了吗？行将就木了吗？摇摇欲坠了吗？颓废（法语：décadent）了吗？智慧也许就像一只乌鸦出现在地球上，一只因腐肉气味而兴奋的乌鸦？

2

无论是有学问的偏见还是没有学问的偏见对这些伟大的智者都表现出了最强烈的反对，在这种情况下，我本人第一次萌生了一种不敬的想法：那些伟大的智者是没落的典型：我意识到，苏格拉底和柏拉图是腐朽的症状，是希腊解体的工具，是伪希腊，是反希腊的（见《悲剧的诞生》，1872）。那种智者的一致性——我对这一点理解得越来越透彻——完全无法证明，他们取得一致意见的事情就是正确的：它更多的是证明了，这些最聪明的人本身，在某种生理层面上达成了一致意见，以便以同样的方式否定生命——必须如此。对生命的判断，对生命价值的判断，赞成或反对，最终都不可能是真实的；它们只有作为症状时才有价值，它们也只作为症状而被考察——就其本身而言，这种判断是愚蠢的。人们必须伸开双臂，尝试拥抱这个惊人的奥秘，即生命的价值无法估量。不是由活着的人来评判，因为这样的人是当事人，甚至只是争议的对象，而非法官；不是由死去的人来评判，这出于另一个原因。——因此，从哲学家的角度，在生命的价值中看到一个问题，这甚至是对他的一种反驳，是对他智慧的质疑，是一种不智慧的象征。——怎么？所有这些伟大的智者，难道他们不只是颓废者？他们还不曾智慧过？——但我还是要回到苏格拉底的问题。

3

就出生而言，苏格拉底属于最底层的人：苏格拉底是一个贱民。大家知道，还可以亲眼看到，他是多么丑陋。但丑陋本身就是一种反对，在希腊人中几乎是一种驳斥。苏格拉底到底是不是希腊人？丑陋往往是一种通过杂交，并因杂交而受阻的发展的表现。在其他情况下，它表现为正在衰退的发展。犯罪学家中的人类学家告诉我们，典型的罪犯是丑陋的：相貌丑陋，灵魂就丑陋（拉丁语：monstrum in fronte, monstrum in animo）。但是，罪犯是一个颓废的人。苏格拉底是一个典型的罪犯吗？——至少这不会与那个著名的相面士的判断相矛盾，那是个让苏格拉底的朋友们听来很反感的判断。一个会相面的异邦人在路过雅典时当面对苏格拉底说，他是一个怪物，一个饱含了所有恶习和欲望的怪物。而苏格拉底仅仅回答说："您了解我，我的主人！"

4

苏格拉底的颓废不仅表现在他已承认的本能中的放荡与混乱，还表现在逻辑的过度孕育和佝偻病人的恶毒。我们也不应该忘记那种听觉的幻觉，它作为“苏格拉底的恶魔”被解释为宗教术语。关于他的一切，都是夸张的，滑稽的，讽刺的；同时一切都是隐匿的，秘密的，闪避的。我试图去理解，苏格拉底的“理性 = 美德 = 幸福”这个等式究竟源自哪种特异体质：那是世上最诡异的等式，尤其与古希腊人的所有本能均势不两立。

5

随着苏格拉底的出现，希腊人的品味转而偏爱辩证法：这到底发生了什么？首先，高尚的品味被打败；乌合之众以辩证法上位。在苏格拉底之前，辩证的行为是被上流社会拒绝的；它们被认为是低劣的行为，出尽了洋相；人们也会告诫年轻人要小心它们。人们也不相信他们所有对理由的炫耀。正直的东西，如同正直的人一样，不会这样炫耀理由。炫耀是不正派的行为。必须自证的东西没有什么价值。在公序良俗仍属权威的地方，在人们不是“说明理由”而是下达命令的地方，辩证法家就是一个小丑：人们嘲笑他，不把他当回事。——苏格拉底，那个让人把他当回事的小丑：这究竟意味着什么？

6

人们往往只有在别无他法的情况下，才会选择辩证法。他们知道，一旦使用了它就会引起他人的不信任，辩证法的说服力贫乏。没有什么比辩证法家的影响更易被抹去的了：每一场有人演讲的集会经验都证明了这一点。辩证法只可能是那些没有其他武器之人手中的自卫手段。人们在使用辩证法之前，必须强行获得自己的权利。因此，犹太人是辩证法学家，列那狐（德语：Reinecke Fuchs）[①]是辩证法家，怎么？苏格拉底也是？

① 指歌德根据法国中世纪流传的动物故事创作的一部长诗。诗中假托动物世界讽刺了德国宫廷的专制、盲目，以及教会和神职人员的腐败。

7

苏格拉底的讽刺是暴动的表现？是暴民怨恨的表现？他作为被压迫者，在三段论[①]的刀割中享受着他自己的残忍？他在向被他迷惑的高贵者复仇吗？——作为一个辩证法家，他手持一件无情的工具；他可以借此成为一个暴君；他用自己的胜利来让别人出丑。辩证法家让他的对手来证明自己不是一个白痴；他让人愤怒，同时又让人无可奈何。辩证法家剥夺了他对手的理智。——怎么？辩证法在苏格拉底那里只是一种复仇的形式？

---

① 演绎推理中的一种简单推理判断。

8

我已经说明了苏格拉底为什么令人厌恶，现在更多的是要解释他是如何迷惑他人的。——他发明了一种新的竞技项目，他是雅典贵族圈子里的第一位击剑高手。这是一种魅惑手段，苏格拉底通过触发希腊人的竞技本能来迷惑他们——他给青年男子和少年之间的角斗比赛带来了一个新变化。苏格拉底还是一个好色之徒。①

① 参见柏拉图《会饮篇》对苏格拉底的描述。

9

但苏格拉底猜到了更多的东西。他看穿了他的高贵的雅典人；他明白，他的病例，他病例的特异反应，已经不是一个特殊情况。同样的衰退正在各处悄然酝酿：古老的雅典已走到了尽头。——苏格拉底明白，全世界都需要他——他的药方，他的治疗手段，他那自我保护的独门秘诀……本能无论在哪里都处于混乱状态；人们无论在哪里离纵欲都只有一步之遥：精神的怪物（拉丁语：monstrum in animo）是普遍的危险。"冲动想要成为暴君，人们必须发明一个更强大的反暴君。"……当那位面相师揭开了苏格拉底的真面目，说他是所有不良欲望的巢穴时，这位伟大的讽刺家放出一句话，给出了人们用以理解他的钥匙。“这是真的，他说，但我要成为所有人的主人。”苏格拉底是怎样成为自己的主人的呢？他的情况基本上只是一个极端的例子，只是一个当时已经开始的普遍困境中的最显眼的例子：没有人再能主宰自己，本能与本能互相对抗。他作为一种极端案例令人着迷——他可怕的丑陋让所有人都为之侧目。作为答案，作为解决方案，作为治愈这个病例的假象，他具有更强的魅惑力，这一点不言而喻。

10

如果一个人有必要让理性成为一个暴君，就像苏格拉底所做的那样，那么，想必有不小的危险已让其他东西先一步制造出暴君。理性在当时被设想为救世主；无论是苏格拉底还是他的“病人”都不能随意地保持理性——这是礼节上所需要的（法语：de rigueur），是他们最后的手段。整个希腊思想对理性的狂热追求，暴露出一种困境：人处于危险之中，他只有一个选择，要么毁灭，要么——荒谬地理性……从柏拉图开始的希腊哲学家的道德主义是病态的；同样，他们对辩证法的重视也是病态的。理性 = 美德 = 幸福，简单地说就是：人们必须模仿苏格拉底，创造一个永久的日光——理性的日光，来对抗黑暗的欲望。一个人必须不惜一切代价做到聪明、清醒、明白，任何对本能、对无意识的屈服都会导致颓废……

11

我已经揭露了苏格拉底迷惑他人的手段：他似乎是一个医生，一个救世主。还有必要指出他那“绝对理性”的信仰中所包含的错误吗？——哲学家和道德家通过向“颓废”开战来走出“颓废”，这是一种自欺欺人的做法。然而对于走出“颓废”，他们又无能为力：他们所选择的那作为手段、作为救赎的东西本身，也只是颓废的表现形式——他们只是改变了颓废的表现形式，并没有清除颓废本身。

苏格拉底是一种误解；整个劝善的道德，甚至基督教的道德，都是一种误解……最耀眼的日光、绝对理性，明亮的、冷酷的、谨慎的、自觉的、排斥本能的、抵御本能的生活本身只是一种疾病，另一种疾病罢了——而且绝不是通往“美德”、“健康”和幸福的归途……必须与本能做斗争——这就是颓废的公式；只要生命在上升，幸福就等于本能。

12

所有自欺欺人者中最聪明的人，他明白这一点了吗？他是否在最后勇敢赴死的智慧里对自己说出了这句话？……苏格拉底想死——不是雅典人，而是他自己端起了盛满毒药的杯子，他甚至向雅典人强行索要鸩毒……“苏格拉底不是医生，”他悄悄地对自己说，“在这里，只有死亡才是医生……苏格拉底本人只是病了很长时间而已……”

哲学中的“理性”

1

您问我哲学家们有哪些特质？……例如，他们缺乏历史感，他们憎恶生成的表象本身，以及他们的埃及主义。他们以为，当他们在永恒的观点下把一件事物进行非历史化看待，把它变成一具木乃伊时，他们自以为是在向它表达敬意。几千年来，哲学家们所处理的一切，都是概念木乃伊；没有任何真实的有生命的东西出自他们之手。这些概念偶像的侍者先生们，当他们表现出崇拜的时候，他们是在杀戮，是在剥制标本——当他们表现出崇拜的时候，他们就成了威胁一切事物生命的存在。死亡、变化、衰老，以及生育和成长，对他们来说都是异议——甚至是反驳。存在者不生成，生成者不存在……现在他们全都——甚至带着绝望——相信存在者。但是，由于他们无法得到它，便寻找起它被扣押的原因。“其中一定有一种假象，一种欺骗，使我们察觉不到存在者：骗子躲在哪里？”——“我们抓到他了，”他们兴奋地大叫着，“这就是感性！这些感官，它们一向不道德，关于真实世界它们欺骗了我们。道德就是摆脱感官的欺骗，摆脱生成，摆脱历史，摆脱谎言——历史只不过是对感官的信仰，对谎言的信仰。道德就是对给予感官信任的一切说不，对一切人性的残余说不：这里的一切就是‘民众’。做一个哲学家吧，做一个木乃伊吧，通过模仿掘墓人来体现单调的一神论吧！——特别是要摆脱肉体，这个可怜的感官固执己见！它饱含着所有存在的、被驳斥的，甚至是不可能的逻辑错误，尽管它总是厚颜无耻到表现得像真的一样！”……

2

我怀着崇高的敬意把赫拉克利特的名字放在一边。如果说其他哲学家拒绝感官的证词，是因为它们显示了多重性与变化，那么他拒绝它们的证词则是因为它们显示了事物，就好像事物拥有持久性和统一性似的。赫拉克利特也没有公平地对待感官。感官既没有像埃利亚学派[①]所相信的那样撒谎，也没有像他所相信的那样撒谎——它们根本不撒谎。我们在用它们的证词制造东西时，才加入了谎言，例如，统一的谎言，物性、实体、持续的谎言……“理性”是我们篡改感官证词的原因。

---

① 古希腊最早的唯心主义哲学派别之一，以善辩闻名。

就感官所显示的生成、消逝、变化而言，它们并不是没有说谎……但赫拉克利特在这一点上永远是对的，存在是一种空洞的虚构。“假象”的世界是唯一的，“真实世界”只是一个谎言……

3

我们的感官是多么好的观察工具啊！例如鼻子，还没有哪位哲学家以崇敬和感激的心情谈论过它，甚至就目前来说，它是我们所掌握的最精巧的仪器：它能够分辨出连光谱仪都无法确定的运动的最小差异。今天，我们掌握科学的程度，恰好让我们下决心去接受感官证词——去学会磨砺它们，武装它们，透彻地思考它们。其余的都是些怪胎和尚未成形的科学，我这里想说的是形而上学、神学、心理学、认识论；或形式科学、符号理论，如逻辑和那种应用逻辑、数学。在它们那里，现实性根本没有出现过，甚至没有作为一个问题出现；就像逻辑这样的符号约定到底有什么价值尚未成为一个问题一样。

4

哲学家们的另一个特质也同样危险，那就是混淆始末。他们把最后到来的东西——可惜！因为它根本就不应该来——设定为“最高的概念”，也就是把最普遍、最空洞的概念，把正在蒸发的现实的最后一缕水蒸气作为开始而放置在开端。这只不过是他们的一种崇拜方式：高级的东西不允许从低级的东西里长出来，根本就不允许生长……道德：凡是第一等级的东西都必须是自因[①]（拉丁语：causa sui）。源于他物被认为是一种异议，是对价值的怀疑。所有的最高的价值都是第一等级的，所

① 西方哲学史中的一个概念，意为自身是自身存在的原因。

有最高的概念、存在者、绝对者、善、真、完美——这一切都不可能是生成的，因此必须是自因。然而所有这一切又不可能彼此各不相同，不可能自相矛盾……于是，他们有了“上帝”这个让人吃惊的概念……那最后的、最单薄的、最空洞的东西被设定为开端，设定为自因，设定为最现实的存在者[①]（拉丁语：ens realissimum）……人一定要认真对待患病的结网蜘蛛的脑疾！——人类为此已付出了惨重的代价！……

① 这里最现实的存在者指上帝，属于形而上学的核心范畴。

5

最后，让我们对比一下我们（——我出于礼貌说是我们……）处理错误和假象问题的不同方式。从前，变化、转变和生成一般被视为假象的证明，被视为一个标识，即一定有什么东西引导我们误入歧途。如今，我们反过来看，恰恰是理性的偏见迫使我们设定统一、同一、持续、实体、原因、物性和存在，即在某种程度上，让我们被错误纠缠，迫使我们犯下错误；在严格复核的基础上，我们可以非常肯定的是，这里必定有错误。这与巨大天体的运动别无二致：就天体运动而言，错误是用我们的眼睛来做持久辩护；在这里，错误用的则是我们的语言。就起源而言，语言属于最不完善的心理学形式的时代：当我们意识到语言形而上学的基本假设时——用德语来说就是理性——我们就进入了粗俗的拜物生灵的行列。拜物生灵看到到处都是行为者和行为，它相信意志是普遍的原因，它相信“我”，相信“我”是存在，相信“我”是实体，并把对于“我—实体”的信念投射到所有事物上——它由此才创造了“物”这个概念……存在处处被设想、被归罪为原因；从“我”的概念中，才能推导、衍生出“存在”这个概念……从一开始就存在着这样一个巨大的致命错误，即认为意志是一种起作用的东西——意志是一种能力……今天我们知道，这不过是一个词……很久以后，在一个开明一千倍的世界里，哲学家们会惊讶地意识到理性范畴运作中的可靠性和主观的确定性。他们得出结论：这些理性范畴不可能来自经验——所有经验都与它们相矛盾。那么，它们从何而来？——人们在印度犯下了与在希腊犯下的同样错误：“我们曾经一定是生活在一个更高级的世界（——而不是一个非常低级的世界：这本来就是事实），我们一定曾是神圣的，因为我们有理性！”……事实上，迄今为止，没有什么东西比“存在的谬误”更有素朴的说服力了，例如，埃利亚学派所制定的存在谬误，因为我们说的每个词、每句话都在为它辩护！即使是埃利亚学派的对手也受到他们的存在概念的诱惑：德谟克利特就是其中之一，他发明原子……语言中的“理性”：哦，多么狡猾的老妇人啊！恐怕我们无法摆脱上帝，因为我们仍然相信语法……

6

如果我把一个如此根本、如此新颖的认识浓缩为四个命题，人们定会对我感激不尽，因为我帮助了人们理解问题，以此挑战异议。

第一个命题：把“此岸”世界称为“假象”的原因反而确立了它的实在性——另一种实在性是绝对无法证明的。

第二个命题：那些被赋予事物的“真实存在”的特征是非存在的、虚无的特征——人们从与真实世界的对立中建立了“真实的世界”；事实上，它仅仅是一个假象的世界，是一个道德和视觉层面的骗局。

第三个命题：把一个“彼岸”世界虚构成“此岸”

世界完全没有意义，前提是诽谤、贬低、怀疑生命的本能，在我们身上展现得并不强大；在与此相反的另一种情况下，我们是用一种“彼岸的”“更好的”生活的幻觉来报复生命。

第四个命题：把世界分为“真实的”和“虚假的”，无论是以基督教的方式，还是以康德（毕竟是一个狡猾的基督徒）的方式，都只是一种颓废的暗示——一种生命衰落的征兆……艺术家对假象的评价超过了现实，这并不是对这一命题的异议。因为“假象”在这里再一次意味着现实，只是在一种选择、强化和修正中的现实……悲剧艺术家不是悲观主义者——他对一切有问题的、可怕的东西都说好，他是酒神式的……

“真实世界”如何最终成为一个寓言

一个错误的历史。

真实的世界对于智慧之人、虔诚之人、有德行之人来说，是可以达到的——他生活在其中，他就是它。

（观念的古老形式，相对巧妙、简单、有说服力。换句话说就是：“我，柏拉图，就是真理。”）

真实的世界，目前还无法实现，但应许诺给智慧之人、虔诚之人和有德行之人（“给悔过的罪人”）。

（观念的进步：它变得更精细、更棘手、更难以理解——它成为女人，成为基督徒式的……）

真实的世界，无法到达，无法证明，无法许诺，但已经被看作一种安慰、一种义务、一个命令。

（本质上仍旧是那个旧的太阳，但环绕在重重迷雾和怀疑之中；观念变得崇高、苍白、北方的、哥尼斯堡式的[①]。)

真实的世界——遥不可及吗？反正从未到达过。而作为未得的，也是未知的。因此，也就无法安慰、救赎、赋予义务——未知的东西能让我们承担什么义务呢？……

(破晓时分。理性的第一个哈欠。实证主义[②]的雄鸡啼鸣。)

“真实的世界”——一个不再有任何用处的观念，甚至不再让人承担义务——一个无用的、已经变得多余的观念，因此是一个被推翻的理念：让我们废除它！

(天明，早餐，恢复健全的感觉和愉快的心情，柏拉图羞愧得脸红，一切自由灵魂的喧嚣。)

我们已经废除了真实的世界，还剩下什么世界？也许是虚假的世界？……但不是！废除真实的世界后，我们也废除了虚假的世界。

(正午，影子最短的时刻，最长久错误的结束，人类的高潮，《查拉图斯特拉》的开始。)

---

① 此处是在暗讽康德，作为哥尼斯堡人，康德毕生都没有离开过他的家乡。

② 始于19世纪30—40年代，是一个反对形而上学、主张感觉经验的西方哲学流派。

作为反自然的道德

1

所有的激情都会有这样一个阶段，在这个时间段内它们仅仅是致命的力量，它们用愚蠢的重量来拖垮受害者——后来，过了很久以后的后来，它们与精神联姻了，使自己得以“升华”。以前，人们因激情中的愚蠢而向激情本身开战：人们的阴谋破坏它——所有古老的道德巨怪都一致认为“人们必须扼杀激情”（法语：il faut tuer les passions）。这方面最有名的公式可见于《新约》中的“登山宝训”[①],顺便说一下,那里的事物绝不是从高处看到的。例如，在那里，关于性的教义是这样的：“如

① 亦称山上宝训，源自《新约》第5—7章，记录了耶稣基督在山上传讲神道时所说的话。

果你的眼睛冒犯了你，那么就把它挖出来。”幸亏没一个基督徒按照这一戒律行事。摧毁激情和欲望仅仅是为了防止它们的愚蠢和这愚蠢所带来的种种不愉快后果，在我们今天看来，这本身仅仅是愚蠢的一种极端形式。我们不再钦佩那些用拔掉牙齿的方法使我们不再疼痛的牙医了……另一方面，我们必须开诚布公地承认，在基督教成长的土壤上，根本不可能设想出“激情的升华”这样的概念。众所周知，最早的教会为支持“精神上的贫穷”而与“智者”作战。人们怎么能指望他们会展开一场反对激情的理智之战呢？——教会通过采取一切切断措施来对抗激情：其做法，其“疗法”就是阉割。它从未问过：“一个人该如何让欲望得以升华、美化，以及神化？”——它在任何时候都把纪律的重点放在消除（感性、傲慢、专横、贪婪、报复欲）上。——但从根源上攻击激情，就是从根源上攻击生命；教会的做法就是与生命为敌……

2

同样的，切断和消灭也是那些意志太过薄弱、太过堕落，以致无法在欲望中自我克制的人，在与欲望的斗争时出于本能所选择的手段；被那些天性选用，他们需要苦修会[①]（法语：La Trappe），用比喻（不过未必有比喻——）的话来说，他们需要一些最后通牒式样的宣言，一条横亘于他们与激情之间的鸿沟。激进的手段只对衰败之人不可或缺；意志的薄弱，更具体地说，就是无法对刺激做出反应，本身只是衰败的另一种形式。对感性激进的、致命的敌意，仍然是一种值得深思的征

① 天主教的一种修行方式，主张苦行，修行之人当终身严格遵守会规，吃斋诵经。

兆：以此，人们可以推测出这样一个过激者的总体状态。——顺便说一下，这种敌意，这种仇恨，只有当这种天性本身不再有足够坚定的力量去进行彻底的治疗、去拒绝他们的“魔鬼”时，才会达到顶峰。纵观全部教士、哲学家、艺术家的历史：针对感官说出的最恶毒的话不是出自阳痿者之口，也不是出自禁欲者之口，而是出自无能禁欲者之口，出自本应该成为禁欲者之口……

3

感性的升华被称为爱，这是基督教的伟大胜利。另一个胜利是我们对敌意的升华，包括深刻理解拥有敌人的价值，简而言之，就是与我们过去所做的和所得出的结论相反。教会在任何时候都希望消灭它的敌人：我们，我们这些不道德的人和反基督者，在教会存在的事实中看到了我们的优势……在政治上，敌意也得到了升华——变得更加明智，更加审慎，更加宽容。几乎每一个政党都明白，自我保存的利益就在于反对党的力量大小；大政治也是如此。特别是一个新的创造物，如新的帝国，更需要敌人而不是朋友：它只有在反对中才能感受到自己是有必要的，只有在反对中才变得有必要……

对于“内心的敌人”，我们也是如此做的：在那里，我们也将敌意做出了升华；在那里，我们也理解了它的价值。一个人只有在充满矛盾的情况下才会多产，一个人只有在灵魂不懈怠、不追求平和的条件下才会青春永驻……没有什么比过去那种对“灵魂的宁静”的渴望，即基督教的渴望更让我们感到陌生的了；没有什么比道德的母牛和良心的安宁所带来的幸福感更不让我们羡慕的了。当一个人放弃战争时，他已经放弃了伟大的生活……当然，在许多情况下，“灵魂的宁静”只是一种误解——是不知道如何更诚实地命名自己的别的什么东西。我们可以不兜圈子、不带偏见地举几个例子。比如，“灵魂的宁静”可以是一种丰富的动物性向道德（或宗教）的温和辐射，也可以是疲惫的开始，是夜晚，任何一种夜晚所投下的第一道阴影；可以是预示着空气潮湿，南风将至的标识，也可以是不自觉生出的对消化顺畅的感激之情（有时也被称为“博爱”）；可以是痊愈者的平静，他们重新尝遍万物，他们憧憬着……也可以是我们占统治地位的激情得到强烈满足之后的状态，是一种罕见的饱足感的福祉；可以是我们的意志、欲望、恶习的衰败，也可以是被虚荣心说服的懒惰，在道德上的自我装扮；可以是在因不确定性而经历了长期的紧张和折磨之后，一个确定性的到来，哪怕是一种可怕的确定性，也可以是行动、创造、劳作和意愿之成熟、熟练的表达，是平静的呼吸，是已经实现的“意志的自由”……偶像的黄昏：谁知道呢？也许也只是一种“灵魂的宁静”……

4

我制定一个原则。道德中的每一种自然主义[1]，也就是每一种健康的道德，都被一种生命的本能所支配——生命的任何一种戒律都以某种“应该”和“不应该”的教规得以贯彻，生命道路上的任何一种抑制和敌意都因此被清除。相反，那反自然的道德，也就是迄今为止几乎所有被教导、被崇敬、被宣扬的道德，都是反过来针对生命本能的，是对这些本能的谴责。这谴责有时是隐蔽的，有时是响亮的、大胆的。它们所声称的“上帝能够洞察人心”，就是对生命中最低和最高的欲望说“不”，

① 主张以自然原理解释一切的哲学思潮。欧洲哲学史上曾一度以人的自然属性来解释人的道德现象。

是把上帝当作生命的敌人……上帝所喜悦的圣人是理想的阉人……生命在“上帝的国度”开始的地方结束……

5

如果一个人领悟到这种对生命的反对是一种亵渎行为——因为这种反对在基督教道德中几乎成了神圣不可侵犯的东西，那么幸运的是，他也领悟到了另外一些东西：这种反对是无用的，虚假的，荒诞的，虚伪的。活着的人对生命的谴责到头来仍然只是某种生命的征兆，这个问题，无论是正确的还是错误的，都根本没有被人提出来。一个人必须有一个置身于生命之外的立场，另外，还要像一个人，像许多人，像所有经历过生命的人一样了解生命，才能真正触及生命价值的问题。我们有足够的理由相信，这个问题对我们来说是一个不可触及的问题。当我们谈论价值时，我们是在生命的启迪、生命的镜头下谈论的：生命本身迫使我们设定价值。当我们在设定价值的时候，生命本身在通过我们进行评价……由此可见，即使把上帝作为生命的对立面和对生命的谴责来理解的道德的反自然，也只是对生命的价值判断——哪一种生命？哪一种类型的生命？——我已经给出了答案：衰落的、虚弱的、疲惫的、被谴责的生命。道德，正如它迄今为止被理解的那样——正如叔本华最后提出的“对生命意志的否定”那样——是使自己成为一种命令的颓废的本能本身，它说：“毁灭吧！”——这是受谴责者的判决……

6

最后，让我们再思考一下，“人应该如此这般！”这样的话是多么天真。现实向我们展示了一种令人愉快的丰富类型，一种过度挥霍的形式游戏和形式变化：而一些可怜的挖空心思的道德家对此说：“不！人应该与众不同。”……他甚至知道自己应该怎样，这个可怜虫、伪君子，他把自己画在墙上，说：“瞧这个人！（拉丁语：ecce homo）”……即使道德家只是转向一个人，并对他说：“你应该这样，这样！”他还是会把自己弄得滑稽可笑。个人是命运（拉丁语：fatum）的一部分，古往今来皆是如此，对于一切即将到来和所成之事，更是一个法则，一种必然。对他说“请改变自己”，意思就是一切都要改变，甚至是往前追溯着改变……确实有一些坚定的道德家，他们想让人变成不同的样子，即有德行的。他们想让人按照他们的形象来改变，即变成伪君子，为此他们否定了世界。不要丝毫的疯狂！不要谦虚的傲慢！…… 道德，只要它是从自身的角度，而不是从生命的状态、理由、意图的角度出发进行谴责，就是一种特别的谬误，人们对此不应报以同情，这是一种退化的特性，它已经造成了无尽的灾难！……我们这些另类的人，我们这些非道德主义者，反倒是向一切种类的理解、领悟和认可敞开了心扉。我们不轻易否定，我们以成为肯定者为荣。我们越来越清楚地明白那种经济学，它仍然需要，并且知道如何利用那被教士的神圣的愚蠢和病态的理性所拒绝的一切。我们越来越清楚地明白生命法则中的经济学，它甚至从伪君子、教士、有德者等这类令人讨厌的人群中获利——什么好处？——我们自己，我们这些非道德主义者，就是这里的答案……

四大谬误

1

混淆原因和结果的谬误。——最危险的谬误莫过于将后果与原因混为一谈：我称其为理性的真正堕落。然而，这种谬误却是人类最古老，同时也是最新兴的习惯：它甚至在我们中间被神圣化；它被称为“宗教”和“道德”。宗教和道德所制定的每一条规则都包含着这种谬误，教士和道德立法者是这种理性堕落的始作俑者。——我举个例子：大家都知道著名的科尔纳罗[①]的书，他在书中将限制饮食作为长寿和幸福生活——乃至有德行的秘诀推荐给大家。很少有书籍能拥有如此广

① 科尔纳罗，威尼斯人，生于 1484 年，出版有《长寿的艺术》，他在书中主张饮食应量少且有节制方能获得长寿。

泛的受众群体，即使是现在，英国每年也要印刷成千上万册。我毫不怀疑，几乎没有任何其他书籍（《圣经》除外）像这本具有善意的怪物一样，造成了如此多的祸害，缩短了如此多的生命。造成这种情况的原因是，他把后果和原因混淆了。这个单纯的意大利人把他的饮食看作了自己长寿的原因。其实，长寿的前提条件，即新陈代谢的异常缓慢，低消耗，才是他限制饮食的原因。他不能自由地少吃或多吃，他的节俭不是一种“自由意志”：如果他吃得多，就会生病。但只要他不是鲤鱼，他就不仅需要吃饱，而且需要吃好。我们这个时代的学者，神经能量消耗得如此迅速，倘若采用科尔纳罗的食谱，只会毁掉自己。在此，请相信专家。

2

所有宗教和道德所依据的最普遍的公式是："做这个、这个，不要做那个、那个——然后你就会幸福！不然的话……"每一种道德，每一种宗教都是这样的命令——我称它为理性的巨大原罪，不朽的非理性。在我的口中，这个公式变成了它的对立面——这是我"重估一切价值"的第一个例子：一个有教养的人，一个"幸福的人"，必须采取某些行动，而本能地回避其他行动；他把自己在生理上表现出来的秩序带到他与人、物的关系中。用公式来说就是，他的德行是他幸福的结果……寿命长，子嗣多，并不是有德行的回报；德行本身更多的是新陈代谢延缓的结果，除此之外，还能带来长寿，带来绵延的子孙，简而言之，科尔纳罗主义就是这样一种结果。——教会和道德说："罪恶和奢侈会毁掉一个种族，一个民族。"我重建的理性则说：当一个民族走向毁灭、生理濒临退化的时候，恶习和奢侈就会随之而来（也就意味着人需要越来越强烈、越来越频繁的刺激，正如每个疲惫的灵魂都知道的那样）。这个年轻人过早地出现了苍白和憔悴的症状。他的朋友说：就是这个原因，是疾病的错。我说：他生病，他没有抵抗疾病，这本身已经是生命衰败的结果，是遗传性衰竭的结果。报纸读者说：这个政党正在用这样的错误毁掉自己。我的更高级别的政治学则说：一个犯下这种错误的政党已经完蛋了——它不再有本能的安全感。任一意义上的任一错误都是本能退化和意志瓦解的结果：人们几乎可以用它来定义"恶"这个概念了。一切之善皆为本能——因此都是容易的，必然的，自由的。磨难是一种反抗，通常，神与英雄分属于不同类型（用我的话来说：轻快的脚是神性的第一属性）。

3

虚假因果关系的谬误。——我们一直相信，我们知道其中原因是什么，但我们的知识，或者更准确地说，我们认为我们知道原因的这种信念是从何而来呢？答案是源自著名的“内在事实”领域，然而迄今为止这些事实都还没有被证明是事实。我们相信，在意志的行为中，我们自己就是原因；我们认为，我们至少可以在行为中抓住因果关系。同样，毫无疑问的，一个行动的所有前因（拉丁语：antecedentia），它的原因，都可以在意识中寻找。只要去寻找，就总能在意识里重新找到——作为“动机”，否则，人就不会自由地去做，就不会对它负责。最后，谁会否认一种思想是被造就出来的呢？

是“我”造就了这个思想？……在这三个似乎可以证明因果关系的“内在事实”中，第一个，也是最有说服力的，当数意志即原因；意识（“精神”）即原因以及后来的我（“主体”）即原因的概念，仅仅在意志的因果关系被确定为既定事实、被确定为经验之后才产生……在此期间，我们已经清醒过来了。现在，我们一句话也不再相信了。这个“内心世界”充满了幻觉和光影：意志就是其中之一。意志不再推动任何东西，因此也不再解释任何东西——它只是伴随着过程，它也可以不存在。所谓的“动机”，又是一个谬误。仅仅是意识的表面现象，是行为的副产品。与其说它表现了一个行为的前因，不如说它掩盖了这个前因。至于自我！它已经成为一则寓言，一部小说，一个文字游戏：它已经完全停止了思考、感觉和欲望……由此可以得出什么结论？根本不存在任何精神上的原因！所有所谓的经验都见鬼去了！这就是结论！——而我们大肆滥用了这种“经验”，我们把世界创造成一个有原因的世界，一个有意志的世界，一个有精神的世界。最古老、最悠久的心理学在这里发挥了作用，除此之外别无他为：所有的行动对它来说都是一种行为，所有的行动都是意志的结果，世界对它来说化身多种行为者，每一个行为者（一个“主体”）都藏身于每一个事件之后。人从自己身上投射出他最坚信的三个“内在事实”，即意志、精神、自我——他首先从“自我”的概念中引出了“存在”的概念，他按照他的形象，按照他的“自我即原因”的概念，把“物”设定为“存在”。后来，他只在事物中重新找到他所投入的东西，这有什么奇怪的呢？——物自体，再说一遍，物的概念，仅仅是对“我即原因”这个信念的反射罢了……甚至你们的原子，各位机械论者和物理学家，在你们的原子中，还残存着多少谬误，多少退化的心理啊！——更不用说“物自体”，也就是形而上学家们的这个可耻可怕的东西（拉丁语：horrendum pudendum）了！精神即原因的谬误被混淆为事实！并做了现实的衡量标准！称为上帝！

4

幻想原因的谬误。——从梦境出发：例如，某种由于远处的炮声而产生的感觉，随后被强加上一种原因（往往是一整本小小说，而其中的主角正是这梦者）。在此期间，这种感觉以一种共鸣的方式继续存在着：它仿佛是在等待，直到原因冲动允许它走到台前——现在不再是一种巧合，而是一种“意义”。炮声是以一种因果关系的方式，在一种明显的时间逆转中发生的。人们首先体验到后者，那个动机说明，往往还伴随着上百个仿佛一瞬即逝的细节，随后，炮声就接踵而至……发生了什么？某种感觉所引起的表象被误解为这种感觉的原因。——事实上，我们在醒着的时候也会这样做。我们大多数的一般感觉——器官在发挥作用和反作用时的每一种抑制、压力、紧张和爆发，特别是交感神经（拉丁语：nervus sympathicus）的状态——都会激发我们的原因冲动：我们希望有理由去拥有这样和那样的感觉——感觉好或者感觉不好。对我们来说，仅仅确定我们处于这样或那样的状态是远远不够的：只有当我们给它一种动机说明时，我们才会承认这个事实——即意识到它。——在这种情况下，记忆在我们不知情的状态下变得活跃起来，唤起以前同类的状态和与之相关的因果解释——而不是它们的因果联系。当然，认为表象和伴随着的意识过程是原因，这种信念也是由记忆带来的。这样一来，就产生了对原因的某种习惯性的解释，这实际上抑制、排斥了我们对原因的研究。

5

对上述谬误的心理学解释。——将未知的东西转化为已知的东西，可以让人变得轻松、镇定、满足，还可以给人一种权力感。对于未知的事物，人们会感觉危险、焦虑和担忧——第一个本能就是要消除这些令人不愉快的状况。第一个原则：任何一种解释都比没有解释好。有鉴于这基本上只是一个想要摆脱压抑表象的问题，至于要采用哪种手段来摆脱它，对此人们并不十分严格：未知事物据此宣布是已知事物的第一表象，这一举动做得如此之好，以至于人们“相信这是真理”。快感（“力量”）的证明是真理的标准。——这样说来，原因冲动是被恐惧感决定和激发出来的。只要有可能，“为什么”这个问题都不应该为了原因而给出原因，更多的是应该给出一定种类的原因——一种令人平静、解脱、轻松的原因。这种需求的第一个后果就是，某些已知的、经历过的、铭刻在记忆中的东西被当作原因。新的、未经历过的、陌生的事物则被排除在原因之外。——因此，人们不仅要寻求一种作为原因的解释，还要寻求一种经过筛选的、受到偏爱的解释，一种能够最迅速、最频繁地消除陌生感、新奇感、未曾经历之感的解释——即最普通的解释。——其结果是：一种原因的设定变得越来越有优势，集中到一个系统中，最终占据了主导地位，也就是简单地排除了其他的原因和解释。——银行家立即想到了“生意”，基督徒立刻想到了“罪恶”，女孩立刻想到了她的爱情。

6

整个道德和宗教领域都归属于这种幻想原因的概念之下。——这是对于令人不愉快的一般感受的“解释”。这些都是由对我们有敌意的生灵造成的（邪恶的幽灵：最著名的案例——把歇斯底里者误解为女巫）。这些都是由不被认可的行为而引起的（把“罪恶”感和“有罪”感强加于一种生理上的不适——人总是能找到对自己不满意的理由）。这些都是作为对我们不应该做的事、不应该成为的人的惩罚和清算［叔本华以厚颜无耻的方式将它概括为一个命题，在这个命题中，道德显现了真身，以生命的实际毒害者和诽谤者的身份出现：“每一种巨大的痛苦，无论是身体上的还是精神上的，都是我们应得的；因为如果我们并非应得，它就不可能来到我们面前。”（《作为意志和想象的世界》，第 2 卷，第 666 页）]。这些都作为轻率的恶果（——情绪、感官被设定为原因，被设定为“有过失”；生理上的紧张状态在其他紧张状态的帮助下被解释为“应得的”）。——对于令人愉快的一般感受的“解释”。以上这些均以信仰上帝为前提条件。它们是由善行的意识引起的（所谓的“良知”，是一种生理状态，它有时看起来就像是消化顺畅，令人难以区分）。它们是由事业的成功造成的（——天真的谬论：事业的成功不会给一个疑病症患者或一位帕斯卡尔[①] 带来令人愉快的一般感受）。这些都是由信仰、爱和希望——基督教的美德引发的。——事实上，所有这些所谓的解释都是结果性的状态，而且就像把愉快或不愉快的感觉翻译成一种错误的方言：一个人处于希望的状态，是因为生理上的基本感觉又变得强烈和丰富；人信任上帝，是因为充实和力量的感觉让人感觉安定。——道德和宗教完全属于谬误的心理学：在所有的情况下，原因与效果被混淆了；或者真理与被认为是真理的效果被混淆了；或者一种意识状态与这种状态的因果关系被混淆了。

① 17 世纪法国著名的数学家、物理学家和哲学家，代表作品为《思想录》。

7

自由意志的谬误。——今天，我们不再同情“自由意志”的概念：我们非常清楚它是什么——最声名狼藉的神学家的伎俩，目的是让人类按照他们的想法“负起责任”，也就是让人类依赖他们……我在这里只是给出了所有让人承担责任这一做法的心理学。——凡是寻求责任的地方，寻求的往往都是想要惩罚和审判的本能。如果任何一种存在被追溯到意志、意图和承担责任的行为，那么人就被剥夺了他的无罪的生成：意志学说在本质上是以惩罚为目的发明出来的，也就是说，是为了被发现有罪而发明的。整个古代心理学，即意志心理学，其前提是它的发起人——古代社会上层的僧侣，想要为自己创造一种施加惩罚的权力——或者是想为上帝创造一种施加惩罚的权力……人被设定为“自由的”，以便可以被审判，被惩罚，——以便能够变得有罪，因此，每一个行为都必须被设定为有意识的，每一个行为的起源都被设定为存在于意识中（——由此，心理学中最基本的伪造行为被确定为心理学本身的原则……）今天，当我们进入相反的运动时，尤其是当我们这些非道德主义者竭尽全力试图从世界上消除罪与罚的概念，让心理学、历史、自然、社会制度和制裁得到净化时，在我们眼里，没有比神学家更激进的反对势力了，他们继续用“道德的世界秩序”，通过“惩罚”和“有罪”的概念来玷污生成的清白。基督教是一种刽子手的形而上学……

8

我们的学说只能是什么样的呢？——没有人能把人的特性赋予他，上帝不能，社会不能，他的父母和祖先不能，他自己也不能（——这里最后一个被否定的观念的荒谬性被康德，也许还有柏拉图当作“思维的自由”教导过）。没有人对以下事情负责：他存在于那里，他被塑造成如此这般模样，他处于这样的情况下，存在于这样的环境中。他存在的宿命性不能脱离一切过去与将来事物的宿命性。他不是一个自我意图、一个意志、一个目的的产物；不会被试图用来实现一个“人的理想”或一个“幸福的理想”或一个“道德的理想”——想要重塑他的本性以达到某种目的是荒谬的。我们发明了“目的”一词。实际上，目的是缺失的……人是必然的，人是命运的一部分，人属于整体，人在整体中——没有什么可以判断、衡量、比较、谴责我们的存在，因为这将意味着判断、衡量、比较、谴责整体……而除整体之外别无他物！——没有人再被要求承担责任，存在的本质不再允许被追溯到第一因[①]（拉丁语：causa prima），世界既不是一个感官，也不是一个“精神”的统一体，这才是伟大的解放——只有这样才能重建生成的无罪……迄今为止，“上帝”的概念一直是对存在的最大异议……我们否认上帝，我们否认源于上帝的责任：只有这样，我们才能救赎世界。

① 神学哲学名词，是指整个因果链最初的原因。

人类的“改善者”

1

人们知道我对哲学家的要求是，站到善恶的彼岸——超越道德判断的幻觉。这一要求源于我首次提出的一个见解：根本就没有道德事实。道德判断与宗教判断的共同点是，它们都相信不真实的现实。道德只是对某些现象的一种解释，更确切地说，是一种错误的解释。道德判断和宗教判断一样，都属于无知的阶段，在这个阶段，甚至连真实的概念、真实和幻觉的区别都还没有，所以，在这样的阶段，“真理”所指的纯粹是我们今天称之为“幻觉”的东西。就此而言，道德判断从未被认真对待过，因此可以说，它所包含的始终只是荒诞。但作为症状学，道德判断仍然是无价之宝，至少对于有识之士来说，它揭示了文化和内心世界的最有价值的现实，然而它们却不太懂得去“理解”自己。道德只是符号语言，仅仅是症状学：人们必须首先知道它是什么，才能从中受益。

2

这里暂且先举第一个例子。在一切时代，人都想“改善”人：这首先是道德的含义。但在同一个词语下，却隐藏着五花八门的倾向。对于人这种野兽的驯化和对于某个人种的培育都被称为“改善”：正是这些动物学术语表达了现实——当然，典型的“改善者”，即教士，对这些现实一无所知——宁愿一无所知……把对野兽的驯化称为“改善”，这在我们听来几乎是个笑话。任何了解驯兽场情况的人都会怀疑，那里的野兽是否真的得到了“改善”。它们被削弱了，它们变得不那么有害了，因为恐惧、沮丧，因为痛苦、创伤、饥饿，它变成了一头病态的野兽。——这与教士所“改善”的、被驯化的人并没有什么不同。在中世纪早期，教会事实上首先是一个驯兽场，人们到处猎取最美丽的“金发野兽”的标本——例如，“改善”高贵的日耳曼人。但是，这样一个得到“改善”、被引诱到修道院的日耳曼人，看起来是什么样子的呢？他就像一张人物漫画，就像一个怪胎：他成了一个“罪人”，他被困在笼子里，他被囚禁在可怕的概念中……他躺在那里，生了病，身体虚弱，对自己充满恶意；对生命的冲动充满憎恨，对一切仍然强大和快乐的事物充满怀疑。简而言之，他变成了一个“基督徒”……从生理学上讲，在与野兽的战斗中，使其生病可能是让它变弱的唯一手段。教会明白这一点：它腐蚀了人，它削弱了人，但它声称，它“改善”了他……

3

让我们来看看所谓道德的另一个案例，即某一种族和物种的培育案例。这方面最好的例子是印度道德，它以一部《摩奴法典》[1]而被认定为宗教。其任务是同时培育不少于四个种族：僧侣、武士、农商和仆役（即首陀罗[2]）。显然，我们已不再是一个驯兽者。只有更温和、更理智的人，才能构思出这样一种培育计划来。离开病态的、囚禁般的基督教空气，进入这个更健康、更高远、更广阔的世界，人们不禁深深地舒了一口气。与《摩奴法典》相比，《新约》是那么可怜！它的气味

① 又名《摩奴法论》，是古印度国家最具代表性的一部法典。

② 印度的种姓之一，其地位最低。

是那么难闻！——这一次不是与野兽的斗争，而是与它相反概念的斗争，即与不可培育的人、杂种人、贱民的斗争。而且，除了让他生病，它也没有什么使其变得无害，变得虚弱的手段了——这是与“多数”的斗争。也许，没有什么比印度道德的这些保护性规则更与我们的感情相矛盾的了。例如，考虑到经文禁止给贱民谷物或带有种子的水果、水或火，因此第三条“关于不洁蔬菜”的谕令规定，唯一允许给贱民的食物是大蒜和洋葱。该谕令还规定，他们所需的水不得从河流、泉眼或池塘中获取，只能从沼泽地的入口和牲口脚踩出的坑穴中汲取。同样，他们也被禁止洗衣服和洗澡，因为恩赐给他们的水只能用来解渴。最后，禁止首陀罗妇女帮助贱民妇女分娩，同样也禁止贱民妇女之间相互帮助分娩……这样的卫生联防机制倒不乏成功之处：索命的瘟疫、可怕的性病，继而又出现了“切割法”，规定对男童进行割礼，对女童切除小阴唇。——摩奴甚至说：“贱民是通奸、乱伦和犯罪的产物（——这是培育概念的必然结果）。他们只能以尸布为衣裳，以破罐为餐具，以锈铁为饰物，以邪恶精灵为朝拜对象；他们必须一直颠沛流离，不得安宁。他们被禁止从左到右写字和用右手写字：使用右手和从左到右书写只是给有德行的人、有种姓的人保留的权利。”

4

这些规定有着足够的启发性。我们在这些规定中，看到了雅利安人的人性，是相当纯粹的、原始的——我们懂得了，“纯粹血统”一词是一种无害概念的反义词。另一方面，我们还可以清楚地看到，对这种“人性”的仇恨，对贱民的仇恨在哪个民族身上得到了永恒的延续，成为宗教，成为天才……从这个角度来看，《福音书》[①]是第一等级的文件，《以诺书》[②]更是如此。——基督教源于犹太教，当然也只能理解为这片土壤上生长的作物，

① 通常指基督教中《新约》的内容，是用以记录耶稣生平和复活事迹的书籍。

② 讲述的是以诺的故事，记载了以诺与上帝同行的三百年里所见的异常，是一部启示文字。

它代表了对于培育、种族和特权等一切道德的反击。它是卓越的反雅利安宗教。基督教是对一切雅利安价值观的重估，是贱民价值的胜利，是向穷人、低贱者宣扬的福音，是一切被践踏者、不幸者、失败者、被遗弃者对于“种族”的全面起义——是作为爱的宗教的不朽的贱民复仇……

5

培育的道德和驯化的道德在贯彻自身手段上，可以说都是相当完美的。我们可以确定这样一个最高命题：为了创造道德，人们必须具有追求其对立面的绝对意志。这就是我探究时间最长、意义重大且令人害怕的问题：人类“改善者”的心理学。一个小小的、本质上很朴素的事实，即所谓的虔诚的欺骗（拉丁语：pia fraus），让我第一次接触到这个问题：虔诚的欺骗是一切“改善”人类的哲学家和教士的遗产。无论是摩奴、柏拉图，还是孔子，抑或是犹太教和基督教的导师，都没有怀疑过他们撒谎的权利。他们并不怀疑所有其他权利……如果用一个公式来表达，人们可以说：迄今为止，人类使之成为道德的一切手段从根本上来说，都是不道德的。

德国人缺少了什么

1

在今天的德国人中，单单拥有精神是不够的：你还得将它据为己有，并放肆地使用它……

也许我了解德国人，也许我可以亲自告诉他们一些真相。新的德国代表着大量继承和习得的才智，因此它可以在一段很长的时间内挥霍自己积累下来的力量财富。这不是一种凭借它而成为统治者的高级文化，更不是一种精致的品位，一种高贵的本能之“美”；而是比其他任何欧洲国家更具男子气概的美德。许多良好的勇气和对自己的尊重，交往中彼此间的许多可靠性，责任中的许多对等性，许多勤奋，许多毅力——以及一种遗传的节制，需要的是加以刺激而不是羁绊。我补充一句，在这里，人们仍然服从，而服从并不使人感到羞辱，也没有人瞧不起他的对手……

你看，我希望公正地评价德国人：我不想在这方面对自己不忠，所以我也必须对他们提出反对意见。掌权者要付出巨大的代价：权力使人愚蠢……德国人——一个曾经被称为思想家的民族，今天他们到底还有没有在思考？德国人现在厌烦了精神，德国人现在不信任精神，政治吞噬了所有对真正的精神事物的认真态度——“德国，德国高于一切”，我担心那是德国哲学的终结……“德国有哲学家吗？德国有诗人吗？德国有好书吗？”在国外有人这样问我。我面红耳赤，用即使是在绝望的情况下尚存的一丝勇气回答：“有，俾斯麦！”——我能承认今天人们读的是什么书吗？……这该死的平庸本能！

2

德国人的精神可能是什么，谁会没有就这个问题产生过忧郁的想法呢？但是，这个民族几乎在一千年的时间里任由自己变得愚蠢：欧洲的两大麻醉品——酒精和基督教，没有任何地方比在德国更被肆意滥用。最近，又增加了第三种，单凭它，就足以将精神的一切精细和大胆的敏捷性置于死地，这就是音乐，我们那受堵，又给人添堵的德国音乐。——在德国人的骨子中，有多少沉闷、拖沓、潮湿、休眠，还有多少啤酒！那些献身于最高精神目标的年轻人，居然没有感受到精神的第一本能，即精神的自我保存本能，而去畅饮啤酒，这怎么可能呢？……学识渊博的年轻人酗酒，也许还不会给他们的博学打上问号——因为一个人没有精神甚至也可以成为伟大学者，但在其他方面，这仍然是一个问题。——啤酒作用于精神产生的慢性堕落，随处可见！我曾经在一个较为出名的案例中指出了这种堕落——我们德国的第一个自由思想家，聪明的大卫·施特劳斯[①]，堕落成了空谈[②]的福音和“新信仰”的作者……他用诗句宣誓效忠他的“褐色美人[③]”，这不无道理——至死不渝……

① 大卫·施特劳斯（1808—1874），德国唯心主义哲学家，在《悲剧的诞生》之后，尼采发表了四篇“不合时宜的观察”著作，其中《大卫·施特劳斯：自由者与作家》就是以大卫·施特劳斯为批判对象。

② 原文为 Bierbank（啤酒屋的长凳），这里引申为空谈。

③ 这里的“褐色美人”指啤酒。

3

我曾谈到了德国人的精神：它正在变得更粗鄙，更浅薄。这么说就够了吗？——从根本上说，让我感到恐惧的完全是另外一些东西：在精神事物中，德国的严肃，德国的深度，德国的热情正每况愈下。不仅仅是智力，激情也已改变。——我在各地接触到一些德国的大学：学者之间是充斥着怎样的风气，精神变得何等的沉闷，何等的不思进取和不温不火！如果有人在这里以德国科学为由反对我，那将是一个深深的误解，而且证明，我的一个字他都没有读过。十七年来，我一直不厌其烦地揭露我们当前科学活动的非精神化影响。现在，科学之冠使每个人都陷入了艰难的奴役状态，这也是更充分、更丰富、更深刻的天性再也找不到适合他们的教育和教育者的主要原因之一。我们的文化之所以遭受苦难，无非是因为过剩的自负的游手好闲者和残缺的人性；我们的大学违背我们的意愿，成为这种精神本能萎靡的实际温床。而整个欧洲已经有了这样的观念——大政治骗不了任何人……德国越来越被认为是欧洲的洼地[1]。我仍然在寻找一个与之一起，我可以以自己的方式严肃处世的德国人，更需要一个与之一起，我可以快活的德国人。偶像的黄昏：啊，今天谁能理解，一个隐士正在这里以一种如何严肃的状态恢复过来？——快活是我们身上最无法理解的事情……

---

① 原文为 Flachland（平原），这里指浅薄之地，参见《瞧！这个人》中“为什么我写出如此好书”和《尼采反瓦格纳》的《前言》中的相关内容。

4

让我们粗略估计一下：德国文化的衰落不仅是显而易见的，而且也不乏充分的理由。归根结底，没有人的花销能够超过他所拥有的——个人如此，国家也是如此。如果一个人把自己的精力花费在权力上，在伟大的政治上，在经济上，在世界交往上，在议会政治上，在军事利益上——如果一个人把自己的智力、严肃、意志、自制力用在了这个方面，那么他在另一方面就会缺少这样的能量。文化和国家——不要在这一点上欺骗自己——是对立的："文化一国家"只是一个现代概念。一方靠另一方而活着，一方以牺牲另一方的利益为代价而兴旺。一切伟大的文化时代都是政治衰退的时代：文化意义上的伟大是非政治的，甚至是反政治的。——歌德的心在拿破仑现象中打开，却又在“自由之战”中关闭……就在德国作为一个大国崛起的时候，法国作为一个文化大国正在获得新的重要性。今天，许多新的严肃，许多新的精神激情已经转移到了巴黎。例如，悲观主义问题，瓦格纳问题，几乎所有的心理和艺术问题都在那里得到了比在德国更精细、更彻底的考察——德国人自己是没有能力做到这种严肃的。在欧洲文化史上，“帝国”的出现首先意味着一件事：重心的转移。在重要的事情（这始终是指文化）上，德国人已不再在考虑之列，这已经是众所周知的了。有人问：你们能为欧洲提供哪些算得上是思想家的人物吗？就像你们的歌德，你们的黑格尔，你们的海因里希·海涅，你们的叔本华那样的人。——再没有一个德国哲学家了，这一点让人惊讶不已。

5

德国的整个高等教育系统已经失去了重要的东西：目的以及达到目的的手段。教育和教养本身是目的——而不是“帝国”——为此需要的是教育家，而不是文理中学教师和大学学者——这一点已经被人遗忘……所需要的教育者本身是受过教育的，卓越的，高尚的，每时每刻都用言语和沉默表现出甜美的成熟文化，而不是今天文理中学和大学作为“高级保姆”提供给年轻人的那些学者式的粗野之徒。除了极个别例外，缺乏教育者，这个教育的第一个先决条件，导致了德国文化的衰退。其中一个极为罕见的例外就是我在巴塞尔的可敬的朋友雅各布·布克哈特[1]。正是由于他，人性在巴塞尔才占据着优先地位。德国的“高等学校”所做的，实际上是一种残酷的训练，以使不计其数的年轻人成为可用之才，为国家效力，并尽可能减少时间的损耗。“高等教育”和不计其数，这从一开始就自相矛盾。所有的高等教育只属于例外：一个人必须有特权，才有权利享受如此高的特权。所有伟大的、美丽的东西都不可能成为公共财产：美属于少数人（拉丁语：pulchrum est paucorum hominum）。是什么导致了德国文化的衰落？那就是“高等教育”不再是一种特权——“普遍的”、大众化的“教育”的民主主义[2]……再加上，军事特权强硬地要求高等学校达到过高的入学率，这也意味着高等学校的衰败。在当今的德国，没有人再能自由地给自己的孩子提供一种高贵的教育：我们的“高等学校”都是为最模棱两可的平庸之辈设立的，包括它的教师、课程、教学目标。到处都盛行着一种不体面的匆忙，如果23岁的年轻人还

---

① 雅各布·布克哈特（1818—1897），出生于巴塞尔，曾留学德国，瑞士杰出的文化历史学家。

② 这里尼采批判的是当时一种趋于百科式“普遍教育”的教学模式。

没有“做好准备”，还不知道“主要问题”——从事什么职业的答案，就好像错过了什么。恕我直言，一个更高级的人不爱“职业”，正是因为他懂得召唤自己……他拥有时间，他花费时间，他甚至不考虑“做好准备”——在高级文化的意义上，人在 30 岁时是一个初学者，一个孩子。——我们的人满为患的文理中学，我们不堪重负的、愚蠢的文理中学教师乃是一个丑闻。也许有理由为这些状态辩护，正如海德堡的教授们最近所做的那样——但没有理由这样做。

6

我属于趋于肯定的那一类人，这种类型仅是间接地、不情愿地与矛盾和批评建立关联，为了不脱离这种类型，我立即指出了三项需要教育者完成的任务。一个人必须学会观察，学会思考，学会说话和写作。这三者的目标都是一种高尚的文化。学会观察，就是让眼睛习惯于平静、忍耐和被动；学会延迟判断，学会从各方面观察和把握个别案例。这是获得精神的首个先期培训：不要立即对刺激做出反应，而是要具备抑制性的、决定性的自我本能。按照我的理解，学会看，差不多就是非哲学术语所称的坚强意志。它本质的东西恰恰不是“希望”，而是能够延迟决定。所有的非精神性，所有的卑劣性都是基于无法抵制刺激的无能——人必须做出反应，必须跟随每一个冲动。在许多情况下，这种“必须”已经是病态，是衰退，是疲惫的征兆。几乎所有不符合哲学的粗俗的东西都被称为“恶习”，而这些东西只不过是那种生理上的无能，无法做到不反应。“学会观察”会有一个作用：作为一个学习者，一个人会变得迟钝、多疑、不情愿。最初，他会带着敌意，平静地让陌生人、让各种新事物靠近他——他将对它们置若罔闻。一切大门皆敞开，对每一件琐事卑躬屈膝，随时准备纵身一跃，全身心地投入他人和他物之中。简言之，著名的现代“客观性”即卑劣的趣味，十足的卑贱。

7

学会思考：在我们的学校里，人们对此已经没有任何概念。甚至在大学里，在真正的哲学学者中，逻辑作为一种理论，一种实践，一种手艺，也已开始消亡。人们阅读德国书籍，已不再记得，思考需要一种技术、一种课程、一种掌握技能的意愿；不再记得，要想学会思考，就要像学习跳舞一样，思考就像一种舞蹈……在德国人中，谁还体验过那种由精神上的轻盈脚步溢至全身每块肌肉而产生的细微颤抖！——神态上的僵硬迟钝，动作上的笨手笨脚——这在一定程度上成了德国式的，以至于在国外被误认为是德国人的普遍天性。德国人不具备感受细微差别的手指……德国人甚至还能忍受他们的哲学家，尤其是那个有史以来最为畸形的概念瘸子，伟大的康德，丝毫不懂得德国人的优雅。因为人们不能从高尚的教育中排除各种形式的舞蹈，用脚跳舞，用概念跳舞，用文字跳舞的才能；难道我还得说，一个人还必须能用笔来跳舞——必须学会写字？但在这一点上，我将成为德国读者心中的一个彻底的谜……

一个不合时宜者的漫游

1

那些我不可能做的事。——塞涅卡[1]：或德行的斗牛士。——卢梭[2]：或回归到虚假的自然中去。——席勒：或塞金根的道德号手[3]。——但丁[4]：或在坟墓中作诗的鬣狗[5]。——康德：或作为理智特性的伪善。——维克多·雨果[6]：或荒谬之海的法鲁斯[7]。——李斯特[8]：

---

① 塞涅卡（约前 4—65），古罗马著名政治家、悲剧作家。

② 卢梭（1712—1778），法国著名思想家、文学家。

③ 指德国作家约瑟夫·冯·谢菲尔（1826—1886）的戏剧《塞金根的小号手》。

④ 但丁（1265—1321），意大利著名诗人，以《神曲》留名于世。

⑤ 暗指《神曲》的《地狱篇》。

⑥ 雨果（1802—1885），法国著名作家，著有《悲惨的世界》《巴黎圣母院》等。

⑦ 法鲁斯岛（Pharus），位于埃及亚历山大港附近，以其灯塔而闻名。

⑧ 李斯特(1811—1886),匈牙利著名作曲家、钢琴家、指挥家,被誉为“钢琴之王”。

或熟练技巧的学校——跟随在女人的身后[1]。——乔治·桑[2]：或丰富的乳汁，用德语说就是：具有“美丽风格”的乳牛。——米什莱[3]：或脱掉外衣的激情……卡莱尔[4]：或作为被放弃之午餐的悲观主义。——约翰·斯图尔特·米尔[5]：或侮辱性的清晰。——龚古尔兄弟日记（法语：Les frères Goncourt）：或与荷马作战的两个埃阿斯[6]。奥芬巴赫[7]的音乐。——左拉[8]：或“臭气熏天的乐趣”。

---

① 暗指李斯特不仅是音乐上的炫技狂魔，且恋人众多。

② 乔治·桑（1804—1876），法国著名小说家。

③ 米什莱（1798—1874），19 世纪法国著名历史学家。

④ 卡莱尔（1795—1881），英国著名讽刺作家，代表作有《法国革命》《论英雄、英雄崇拜和历史上的英雄事迹》《普鲁士腓特烈大帝史》等。

⑤ 约翰·斯图尔特·米尔（1806—1873），英国思想家、哲学家。

⑥ 古希腊神话人物，英勇好战，但易于冲动。

⑦ 奥芬巴赫（1819—1880），德籍法国作曲家，代表作品有歌剧《霍夫曼的故事》，轻歌剧《地狱中的奥菲欧》《美丽的海伦》。

⑧ 左拉（1840—1902），法国著名批判现实主义作家，代表作有《小酒店》《萌芽》等。

2

勒南[1]。——神学，或通过“原罪”（基督教）造成的理性腐败。勒南证明，一旦他冒着风险说出更为普遍的“是”或“不是”，就会变得死板并出错。例如，他想把科学（法语：la science）和高贵（法语：la noblesse）合二为一，但科学属于民主，这却是显而易见的。他希望不带任何虚荣心地表现一种精神上的贵族主义，但与此同时，他却向它的相反学说，即卑贱者的福音——下跪，不仅仅是下跪……如果一个人内心仍然是一个基督徒，一个天主教徒，甚至是一个牧师，那么所有的自由

① 勒南（1823—1892），法国著名哲学家、作家，代表作有《科学的未来》《基督教起源史》等。

精神、现代性、嘲讽的本领和随机应变的本事又有什么用呢？在诱惑方面，勒南有着他独特的才能，完全像个耶稣会教士和忏悔神父一样；他的精神性中不乏宽广的教士式的微笑——像所有牧师一样，只有在爱的时候，他才变得危险。在以生命为代价的崇拜这件事上，没有人可以和他相提并论……勒南的这种精神，一种使人窒息的精神，对于可怜的、病态的、意志不坚定的法国来说，更是一个厄运。

3

圣伯夫[①]。——毫无男子气概；对所有阳刚之气都充满了渺小的怨恨。漫游，细腻，好奇，无聊，好打听——他内心深处是一个女人，有着女人的报复心和感性。作为心理学家，他是一个诽谤的天才，他在这方面有取之不尽、用之不竭的手段，没有人比他更懂得如何将毒药与赞美混合在一起。在至深的本能中异常粗俗，与卢梭的情感一脉相承，因此，他是一个浪漫主义者——因为在所有的浪漫主义之下，都能听到卢梭本能的咕哝，渴望着复仇。一个革命者，可惜却仍被恐惧所牵制。在

---

① 圣伯夫（1804—1869），十九世纪法国著名的作家、文艺批判家。

一切有权势之物（公共舆论、科学院、宫廷，甚至皇家港）面前毫无自由可言。对人和事物中的一切伟大的事物表示强烈反对，对一切自信者表示反对。一个诗人和半个女人，尚足以感觉到伟大的力量；不断地蠕动，就像那只著名的虫子，因为它总是感觉自己被踩到了。作为一个没有准则、没有立场、没有骨气的批评家，他以世界自由主义者的口吻谈论种种事情，却连承认自由主义的勇气都没有。作为一个没有哲学、没有哲学眼光的历史学家，因此拒绝在一切重要问题上做出判断的任务，只空举着“客观性”的面具。他对万物有着不同的态度，在那里，精细、高雅的品位是最高的权威：在那里，他真正拥有面对自己的勇气，拥有对自己的兴趣——在那里，他是主人。就某些方面而言，他是波德莱尔[①]的一个雏形。

① 波德莱尔（1821—1867），法国著名诗人、艺术评论家、作家。

4

《效法基督》[1]（*Imitatio Christi*）是那种我拿在手里不可能不产生生理抗拒的书：它浑身散发着一种永恒的女性的芬芳，只有法国人——或瓦格纳分子——才能适应这种气味……这位圣人有一种谈论爱情的方式，连巴黎女人都心生好奇。——有人告诉我，那个最聪明的耶稣会教士奥古斯特·孔德[2]，想引领他的法国人绕道科学前往罗马，就是受到这本书的启发。我相信这个说法："心灵的宗教……"

① 基督教灵修著作，托马斯·厄·肯培著。

② 奥古斯特·孔德（1798—1857），法国著名哲学家，代表作有《实证哲学教程》《实证政治体系》等。

5

乔治·艾略特[1]。——他们已经摆脱了基督教的上帝，现在却更相信他们必须坚守基督教道德：这是英国人的一贯作风，我们不会因此责怪道德的小女人艾略特。在英国，每从神学获得一点解放，人们就必须以一种可怕的方式来重获自己作为道德狂热分子的荣誉。这就是人们在那里支付的罚款。——对我们另一类人来说，是一种不一样的情形。如果一个人放弃了基督教信仰，就等于放弃了自己对于基督教道德的权利。基督教道德并不是不辩自明的东西，人们必须不顾那些平庸的

① 乔治·艾略特（1819—1880），英国著名女作家，代表作有《织工马南传》与《弗洛斯河上的磨坊》。

英国头脑而反复揭露这一点。基督教是一个体系，是一种对事物的综合且完整的看法。如果一个人从它的一个主要概念，即对上帝的信仰中挣脱出来，他也就挣脱了这个整体，在他的手指间就不再存在任何必要的东西了。基督教的前提是，人不知道，也不能知道对他来说何为善，何为恶：他信仰上帝，只有上帝知道善恶。基督教道德是一种命令；它的起源是超验的；它超越了一切批评，一切批评权；只有当上帝是真理时，它才有真理，它与对上帝的信仰同进退。如果英国人真的认为他们“凭直觉”知道什么是善，什么是恶，如果他们因此认为他们不再需要基督教作为道德的保证，那么这本身只是基督教价值观支配的结果，也是这种支配的力度和深度的表现，以致英国道德的起源已被遗忘，以致英国道德存在权的有限性已不再被感知。对于英国人来说，道德还不是一个问题……

6

乔治·桑。——我读了《一个旅行家的信札》的前几封书简：就和卢梭写的所有东西一样，虚假，做作，鼓吹，夸张。我无法忍受这种花里胡哨的糊墙纸风格，就像我无法忍受乌合之众那种追求慷慨情怀的雄心壮志一样。当然，最糟糕的还是女人用阳刚之气，用顽童的举止卖弄风骚。——她在做所有这些事时是那么冷静，这个令人无法忍受的女戏子。她像时钟一样给自己上了发条——进行写作……冷静，像雨果，像巴尔扎克[1]，像所有的浪漫主义作家，他们一旦写作就会如此冷静！

---

① 巴尔扎克（1799—1850），法国小说家，被誉为“法国小说之父”，代表作有《高老头》《欧也妮·葛朗台》等。

她如此得意地躺在那里啊，这头多产的写作母牛。她身上有着某些德国人的坏习惯，就像她的师傅卢梭本人一样，而且无论如何，只有在法国品位下降的情况下，她才有可能出场。——但勒南崇拜她……

7

心理学家的道德。——不要做廉价的心理学生意！千万不要为了观察而观察！这会给人一种错觉，一种斜视，一种强迫和夸张的东西。因为想要体验而去体验——是行不通的。人不能在体验中凝视自己，否则他的每一个眼神都会变成“邪恶的眼神”。一个天生的心理学家会出于本能地注意，不要为了看而看；一个天生的画家也是如此。他从不“依照自然”工作——他听任他的本能，他的照相机[①]去筛选和表达“事件”“自然”“经验”……然后，他才意识到普通的东西、结论、结果。

① 原文为拉丁语“camera obscura”，是一种内部涂黑的盒子，里面安有聚光透镜，可以用来拍照，是照相机的雏形。

他不知道那种在个别事件中所做的任意抽象。如果人们换一种方式去做，事情会变成什么样？例如，像大大小小的巴黎小说家那样，去兜售廉价的心理学？这就好像埋伏在现实中，每晚带几个稀奇的玩意儿回家……但人们最后看到的东西只有一堆涂鸦，充其量是一幅马赛克，总之是一些堆积成堆的、令人烦躁的、颜色刺眼的东西。在这一点上，龚古尔兄弟做得最差劲：他们根本无法把不伤害眼睛——不伤害心理学家眼睛的三个句子放在一起。从艺术的角度来看，自然不是一个模板。它夸张，它扭曲，它留下空白。自然就是偶然。在我看来，“依照自然”进行研究是个坏兆头，它暴露出臣服、软弱、宿命论——对细枝末节般的小事顶礼膜拜，这完全有失于一个艺术家的身份。看看这是什么——这属于另一类人才的行为，即反艺术家、事实论者。一个人必须知道自己是谁……

8

艺术家的心理——想要拥有艺术，想要拥有任何一种审美行为和审美直观，一个生理上的前提条件是必不可少的：醉。首先须有能提高整个机体的兴奋度的醉，否则就无法产生艺术。所有类型的醉，无论条件如何，都有能力做到这一点：首先是性兴奋的醉，这是一种最古老和最原始的醉。同时还有一种伴随一切巨大的欲望、一切强烈的情感而产生的醉；庆祝、竞争、炫耀、胜利、所有极限运动的醉；残酷的醉；破坏的醉；某些气象影响下的醉，例如春天的醉；或在麻醉剂的影响下的醉；最后是意志的醉，充溢和膨胀的意志的醉。——醉的本质是力量的增强和情感的充溢。人们从这种感觉出发作用于万物，强迫万物向自己索取，强暴万物——这个过程被称为理想化。让我们在这里摆脱一种偏见：理想化并不像人们通常认为的那样，是去掉或排除细枝末节的东西。相反，起决定性因素的是尽力凸显主要特征，使得其他特征由此消失了。

9

在这种状态下，人出于自身的充溢而丰富万物：他所看到的、想到的，在他眼中膨胀、拥挤、强大，承载着超负荷的力量。处于这种状态的人改造事物，直到它们映现出他的力量，直到它们成为他完美的反映。这种转化为完美的过程就是——艺术。但对他来说，一切不是他的事物本身，都成了他的自娱自乐；在艺术中，人把自己当作一种完美来欣赏。——人们还可以想象一种相反的状态，一种本能的特定的反艺术家的类型——一种使万物贫乏、稀松、患上痨病的类型。事实上，历史上有很多这样的反艺术家，有很多这样的饥饿之人：他们必然会把万物据为己有，使之凌弱，使之变得更加贫瘠。这就是真正的基督徒的情况，比如帕斯卡尔：一个基督徒愿意同时成为艺术家的情况不会发生……不要幼稚地搬出拉斐尔[①]或十九世纪随便哪个采用顺势疗法的基督徒来反驳我：拉斐尔说的是肯定，拉斐尔做的是肯定，因此拉斐尔不是一个基督徒……

① 拉斐尔（1483—1520），意大利著名画家，代表作有《西斯廷圣母》《雅典学派》等。

10

我引入美学的对立概念，即日神精神和酒神精神[1]，两者都被理解为醉的类型，其意义何在？——日神的醉首先使眼睛保持兴奋，从而获得了幻觉的能力。画家、雕塑家、史诗诗人是卓越的幻觉者。另一方面，在酒神的状态下，整个情感系统都得到了激发和增强，因此，它立即调动自己的一切表达手段，施展自己描绘、再现、变形、改造的能力，同时释放各种模仿和表演的力量。本质的东西仍然是变形的轻松，无法不做出反应（——类似于某些歇斯底里者，他们也会在每种暗示下

① 美学的两个概念，日神精神和酒神精神在尼采的《悲剧的诞生》中有所阐释。

进入每种角色)。酒神状态下的人不可能不理解任何一种暗示;他不会忽视任何情感的迹象;他拥有最高级别的理解和猜测的本能,就像他拥有最高级别的沟通技巧一样。他进入了每一个躯体、每一份情感之中,他不断地自我改造。——音乐,正如我们今天所理解的那样,同样是一种情感的完全激发和释放,但却只是一个更加充溢的情感表达世界的残余,只是酒神戏剧一种仅存的遗迹而已。为了使音乐有可能成为一种特殊的艺术,人们压制住了一些感觉功能,特别是肌肉感觉的功能(至少相对来说是如此,因为在某种程度上,所有的节奏仍然要诉诸我们的肌肉),于是,人不再立即活灵活现地模仿和表现他所感觉到的一切。然而,这才是真正的酒神的正常状态,无论如何是最初的状态;音乐是以牺牲与这种原始状态最相近的相关能力为代价的前提下,逐渐获得的新产品。

11

演员、戏子、舞蹈家、音乐家、抒情诗人在其本能上有着根本的联系，他们原本就是一体的，但逐渐变得专业化并相互分离，甚至达到了彼此矛盾的程度。抒情诗人与音乐家、演员与舞蹈家分别保持了最长时间的联合。建筑师既不表现出酒神状态，也不表现出日神状态。在它这里，人们看到的是伟大的意志行为，是移山填海的意志，是渴望艺术的伟大意志的醉。最有权力的人总是赋予建筑师灵感，建筑师总是受到力的启发。骄傲、对重力的胜利、权力的意志[①]都应在建筑中显现出

① “权力意志”是尼采哲学的核心概念，他的代表作《权力意志——重估一切价值的尝试》即以此命名。

来；建筑风格是一种形式上的权力之能言善辩的类型，它时而说服，甚至奉承，时而只是下达命令。最高的权力感和安全感通过那些具有伟大风格的建筑表现出来。强权不再需要证明；它不屑于取悦别人；它回答得义正词严；它感觉不到周围有任何证人；它存在着，并没有意识到与之对立之物；它宿命般地立足于自身，是法则中的法则。这便是自身的一种伟大风格。

12

我读了托马斯·卡莱尔的生平，这出反对知识和意志的闹剧，这出对消化不良状态的英雄式的道德诠释。——卡莱尔，一个大言不惭的家伙，一个急不可耐的雄辩家，不断被对坚定信仰的渴望和无力感所折磨着（——就这一点而言，他是个典型的浪漫主义！）。对强大信仰的渴望并不是强大信仰的证明，而是恰恰相反。一个人一旦拥有了这种信念，就可以允许自己享受怀疑主义的美丽奢侈了：他一定拥有足够的把握，足够的坚定，足够的自制。卡莱尔通过对信仰坚定的人表现出崇敬、对头脑不那么简单的人表现出愤怒，麻木自己心中的某些东西：他需要这种喧闹。他始终对自己抱有一种热情的不诚实态度——这是他的特性（拉丁语：proprium），他因此始终保持有趣。无可否认，在英国，他之所以受到推崇，正是因为他的诚实……好吧，这就是英国人；考虑到英国人是地道的说谎的民族，这一点就不仅可以理解，甚至合情合理。归根结底，卡莱尔是一个英国无神论者，却试图以不是无神论者为荣。

13

爱默生[1]。——比卡莱尔开明得多，逍遥得多，善变得多，狡猾得多，最重要的是幸运得多……一个本能地向美食靠近，把难以消化的东西留在事物中的人。与卡莱尔相比，他是一个有品位的人。——卡莱尔非常喜欢他，但还是这样说他："他没有给我们足够的东西来咀嚼。"这句话也许是对的，但对爱默生来说并无不利。爱默生具有那种使所有严肃望而却步的善良和机智的开朗；他根本不知道自己已有多年老，还将有多年

① 爱默生（1803—1882），美国思想家、文学家。代表作有《论自然》《生命》等。

轻。他可以用洛佩·德·维加[①]的一句话来形容自己：“我是我自己的继承者（西班牙语：yo me sucedo a mi mismo）。”他的精神总能找到满足，甚至感激的理由；有时，他还能达到那个老实人的快活的超然境界。一次，他完成一场浪漫幽会，心满意足归来时充满感激地说道：“虽然雄风不在，享乐仍值得称赞。”

① 洛佩·德·维加（1562—1635），西班牙著名戏剧学家，被誉为“西班牙民族戏剧之父”，代表作有《羊泉村》等。

14

反达尔文[1]。——那著名的“生存竞争”，目前在我看来，说它是断言多于说它已被证明。它确实出现过，但只是一个例外；生命的总体方面不是困乏、饥饿，而是丰盛、富足，甚至是荒谬的浪费——凡是有斗争的地方，都有权力的斗争……人们不应将马尔萨斯[2]和自然混为一谈。然而，假设这种竞争确实存在——事实上，它确实发生了——不幸的是，它的结果与达尔文学派的愿望相反，与人们或许与他们一同希望的相反，即对强

① 达尔文（1809—1882），英国生物学家，生物进化论创始人。代表作有《物种起源》《动植物在家养下的变异》《人类由来、性选择》。

② 马尔萨斯（1766—1834），英国著名经济学家，人口学家。他在其人口论中提出，人类必须控制人口的增长，否则人口增长会超越食物的供应。

者、有特权者、幸运的例外者不利。物种并不在完美中成长，弱者始终主宰着强者，这是因为，他们的数量更多，人也更精明……达尔文已经忘记了精神（——这是英国式的！），弱者有更多的精神……你必须需要精神，才能得到精神——当你不再需要它时，就会失去它。谁拥有力量，谁就会放弃精神（“让它们见鬼去吧！这是当今德国人的想法——帝国必将留在我们身边”[①]……）。正如你所看到的，我所说的精神是指谨慎、耐心、狡猾、伪装、极大的自制力和一切属于模仿的东西（所谓美德的很大一部分都属于后者）。

① 参见著名的宗教改革者领袖马丁·路德的诗歌《我们的上帝是个坚固的城堡》。

15

心理学家的诡辩。——这是一个善于识人者：他实际上是为了什么而研究人呢？他想在他们身上谋得小利，甚至大利——他是一个政客！……那个也是一个善于识人者：而你们说，他并不想为自己谋求什么，他是一个伟大的“非个人主义者”。再仔细看看吧！也许他甚至想要谋取一个更险恶的利益：觉得自己比别人优越，允许自己看不起别人，不再把自己和别人混淆。这个“非个人主义者”是一个蔑视人类的人：而前者是更有人性的类型，这也是一目了然的。他至少把自己放在一个平等的位置上，把自己置身于内……

16

通过一系列的事例我发现，德国人的心理节奏是有问题的。然而我的谦虚使我不会逐一列举这些案例。但有一个案例给了我个绝佳时机，去证明我的论点：我对德国人在康德和他的“后门哲学”（这是我的命名）的问题上弄错一事耿耿于怀——这不是知识分子的诚实的典范。我不喜欢听到的另一件事是一个臭名昭著的“和”：德国人说“歌德和席勒”，——我担心他们说“席勒和歌德”……难道他们还不认识这个席勒吗？还有更糟糕的“和”；我曾亲耳（不过只是在大学教授中）听到过，“叔本华和哈特曼[①]”……

① 哈特曼（1842—1906），德国哲学家，代表作有《无意识哲学》。

17

最富有精神的人，也会经历到目前为止最痛苦的悲剧，前提是他们是最勇敢的。但正是因为这个原因，他们尊重生命，因为生命正以最大的敌意与他们对抗。

18

关于“理智的良知”。——今天对我来说，没有什么比真正的伪善更罕见的了。我强烈怀疑，我们文化中的温和空气不利于这种植物的成长。虚伪属于信仰强烈的时代。那时，人们即使被迫接受另一种信仰，也不会放弃原有的信仰。今天，人们放弃了它；或者，更常见的是，人们添加了第二种信仰——在任何情况下，人们仍然是诚实的。毫无疑问，今天出现的信念有可能比过去多得多。所谓有可能，就是说被允许，也就是无害。对自己的宽容就来自于此。这种自我宽容允许更多的信念。这些信念和谐地生活在一起，它们小心翼翼，谨防自己出丑，就像今天全世界都在做的一样。今天，什么情况下人们才会出丑？当人们始终如一的时候。当人们勇往直前的时候。当人们不那么模棱两可的时候。如果一个人是真实的……我担心的是，现代人对于某些恶行来说简直太懒散了，以致这些恶行正在消亡。所有受强烈意志制约的邪恶——也许就不存在没有强烈的意志的邪恶——在我们温暖的空气中，都会退化成美德……我遇到的几个伪君子都在模仿伪善：他们是演员，就像现在几乎每十个人中就有一个演员一样。

19

美丽和丑陋。——没有什么比我们对美的感受更具条件，或者说，更受限制的了。任何想要脱离人对人的愉悦感而去思考美的人，都会立即失去根据和基础。“自在之美”仅仅是一个词，甚至不是一个概念。在美中，人把自己作为完美的尺度；在选定的情景下，他在美中崇拜自己。一个物种除了以这种方式自我肯定之外，别无他法。它的至深本能，即自我保护和自我扩张的本能，仍然在这种崇高中散发着光芒。人相信世界本身充满了美——他忘记了自己就是美的原因。只有他赋予了世界以美，唉！只是一种非常人性的——太人性的美……从根本上说，人把自己映照在事物中，又把一切反映他形象的事物当作是美的："美"的判断是他的物种虚荣心……一个小小的怀疑可能会在怀疑论者的耳边提出这样的问题：人认为世界是美的，世界就真的因此被美化了吗？人把世界人性化了，这就是全部。但是没有任何东西，绝对没有任何东西能够保证，人就是美的典范。谁知道他在一个更高级别的审美评判官眼中会是什么样子呢？也许是胆大妄为的，也许是令人发笑的，也许是有点武断的……"哦，狄奥尼索斯，神灵，你为什么要拉着我的耳朵？"阿里阿德涅[1]曾在纳克索斯[2]的一次著名对话中，这样问她的哲学情人。"我在你的耳朵里发现了一种幽默。阿里阿德涅，它们为什么不更长一些呢？"

① 古希腊神话人物，克里特岛国王米诺斯的女儿，后与酒神狄奥尼索斯相爱。

② 基克拉提迪群岛面积最大、最富饶的岛屿。

20

没有什么是美的，只有人是美的。所有的美学都建立在这个素朴的真理之上，这是美学的第一真理。让我们立即补充它的第二条真理：没有什么比堕落的人类更丑陋的了。这就限定了审美判断的范围。从生理学角度看，一切丑陋的东西都会使人衰弱，使人悲伤。它让他想到颓败、危险、无力，人在这个过程中真的会失去力量。人可以用测力计来测量丑陋的效果。一旦人在哪里感到沮丧，他就会感觉到“丑陋”的东西正在靠近。他的权利感，他的权力意志，他的勇气，他的骄傲——所有这些都随丑而降，随美而升……而无论在哪种情况下，我们都得出了同一个结论：美丑的前提在本能中堆积得异常丰富。丑被理解为退化的标识和表征：任何一丝让人想到退化的东西，都会触发我们对“丑”的判断。每一个枯竭的迹象；沉重的迹象，衰老的迹象，疲劳的迹象，每一种缺乏自由的迹象，比如痉挛和瘫痪，尤其是溶解和腐烂的气味、颜色和形状，即使它在最后淡化成一个符号——所有这些都唤起了同样的反应，都引起“丑”的价值判断。一种憎恨之情油然而生：人恨谁？毫无疑问，他憎恨他类型的衰退。他出于物种最深的本能而憎恨；在这种憎恨中，既有不寒而栗、谨慎，也有深沉、遥远的眼光——这是最深的憎恨。为着这个缘故，艺术是深刻的……

21

叔本华。——叔本华，最后一个值得关注的德国人（像歌德，像黑格尔，像海因里希·海涅一样，他是一个欧洲事件，而不仅是一个地方的、一个“民族”事件），对一个心理学家来说是一个一流病例。这是一种恶意的天才尝试，为了有利于虚无主义对生命的整体贬低，却提出了恰恰相反的理由，即“生命意志”的伟大的自我肯定，以及生命的旺盛形式。他依次把艺术、英雄主义、天才、美、伟大的同情心、知识、追求真理的意志、悲剧解释为“否定”或需要否定“意志”的后果——这是有史以来最大的心理学谬论，基督教除外。若更仔细地观察会发现，在这一点上，他只是基督教解释的继承人，不过，他也知道如何在基督教的，即虚无主义的意义上，认可基督教所拒绝的东西，也就是人类的伟大文化事实（即作为通向“救赎”的途径，作为“救赎”的预演，作为“救赎”需要的刺激……）。

22

我只举一例。叔本华在谈到美时，带着一种忧郁的激情。究竟是为什么呢？因为他在其中看到了一座桥，人们在上面走得更远，或渴望走得更远……对他来说，美是从“意志”中片刻地解脱出来——它召唤着人们获得永久的解脱……特别是，他称赞美是“意志焦点”的救赎者，即摆脱性欲的救星——他在美中看到了生殖本能被否定……奇怪的圣人！如果有人反驳他，我恐怕，那就是自然。为什么自然界中会有声音、颜色、气味、节奏运动的美呢？ 是什么激发了美？幸运的是，还有一位哲学家反驳了他。一位不亚于神圣的柏拉图（叔本华自己也这样称呼他）的权威坚持着另一个主张：所有的美都会刺激生殖——这正是其效果的特性，从最感性的上升到最精神的……

23

柏拉图走得更远。他以一种必须是希腊人而不是“基督徒”才有的纯真说道，如果雅典没有如此美貌的青年，就根本不会有柏拉图式的哲学。只有看到他们，哲学家的灵魂才会陷入情欲的狂热，心潮澎湃，直到它把所有崇高事物的种子埋到这片如此美丽的土壤里。也是一个奇怪的圣人！——人们即使相信柏拉图，也不相信自己的耳朵。至少人们可以猜到，在雅典，人们是用不同的方式进行哲学思考的，尤其是在公开场合。没有什么比一个隐士编织的概念网，比斯宾诺莎式的“对上帝的智慧之爱”（拉丁语：amor intellectualis dei）更不是希腊式的了。按照柏拉图的方式，哲学更应该被定义为一种情欲的竞争，一种对古代竞技体操及其前提的进一步发展和内化……从柏拉图的哲学性欲里，最终产生了什么呢？一种新的希腊竞赛的艺术形式，即辩证法。我还想起了一个反对叔本华、致敬柏拉图的事实：古典法国的全部高级文化和文学都是在性趣的土壤上成长起来的。在那里，人们可以到处寻找殷勤、性感、性竞争、“女人”，——人们永远不会白白寻找……

24

为艺术而艺术（法语：L' art pour l' art）[①]。——反对艺术中的目的性斗争始终是反对艺术中的道德化倾向，反对它从属于道德的斗争。"为艺术而艺术"的意思是："让道德见鬼去吧！"——但即使这种敌意也暴露了偏见的压倒性地位。如果人们从艺术中排除了道德说教和改善人类的目的，那么在较长时间内也并不意味着艺术完全是无目的的、无目标的、无意义的，简言之，是"为艺术而艺术"的——一条咬住自己尾巴的虫子。"宁愿没有目的，也不要拥有一个道德目的！"——纯粹的

① "为艺术而艺术"是法国哲学家维克多·柯桑于十九世纪提出的口号，其中蕴含的文艺思想主要来源于德国古典美学。

激情如是说。另一方面，一个心理学家问道：一切艺术在做什么？它不赞美吗？它不颂扬吗？它不挑选吗？它不偏爱吗？通过这一切，它加强或削弱了某些价值评价……这只是一个副产品？一个巧合？某种艺术家的本能根本不会参与其中的东西？或者说，难道这不是艺术家能够有所为的先决条件吗？艺术家的至深本能是指向艺术，还是指向艺术的意义，指向生活？指向生活的欲望？艺术是生命的巨大兴奋剂，它怎么能被理解为无目的、无目标，理解为“为艺术而艺术”呢？也许有人会提出这样一个问题：艺术也使生命中许多丑陋、艰难、可疑的东西暴露出来，难道它不是在掏空生命？——事实上，真的有哲学家赋予艺术这种意义：叔本华将“摆脱意志”作为艺术的总体目的，他把“使我们听天由命”推崇为悲剧的巨大作用。但这——我已经说得很清楚了——是悲观主义者的眼光，是“邪恶的眼光”。人们必须诉诸艺术家本身。悲剧艺术家就自身传达出了什么？难道不正是他所展示的对可怕、可疑的事物毫无恐惧的状态吗？这种状态本身就是人们高度期盼的一种状态；了解这种状态的人，皆以最高的敬意来崇敬它。他传达它，他必须传达它，只要他是一个艺术家，一个传达的天才。在强大的敌人面前，在巨大的逆境面前，在引起恐惧的问题面前，拥有情感的勇气和自由——悲剧艺术家所选择和赞美的，正是这种胜利的状态。在悲剧面前，我们灵魂中的好战者会庆祝他的农神节[①]；那些习惯于苦难、寻求苦难的人，英雄人物就会用悲剧来赞美他的存在——只有他才会被悲剧作家奉上这杯最甜蜜的残酷之酒。

① 古罗马的庆祝活动，每年 12 月 17 日起持续七天，节日期间，人们狂欢宴饮。

25

与人和善，敞开心扉，宽以待人，但也只是容忍。你发现能够高尚待客的心，它的窗户上有着遮严的窗帘和紧闭的百叶窗：它们把自己最好的房间空了出来。这是为什么呢？因为它们等待着那些人们不能“容忍”的客人……

26

当我们在传达自己时，我们不够重视自己。我们的实际体验并不是喋喋不休的。它们即使想传达自己，也无法传达自己。原因是，它们缺乏语言。当我们诉之于口时，我们就已经超越它了。在所有话语中，都有着些许的蔑视。语言，似乎只是为普通的、平庸的、有同情心的人发明的。通过语言，说话者已经将自己庸俗化了。——来自给聋哑人和其他哲学家的道德。

27

“这幅肖像画美得令人陶醉！”……这个文学女人，不满足，焦躁不安，身心贫瘠，始终带着痛苦的好奇心，倾听着从她肌体深处传来的命令——“要么孩子，要么书籍（拉丁语：aut liberi aut libri）。”这个文学女人，受过良好的教育，足以理解自然的声音，即使她说的是拉丁语；但另一方面，她又虚荣和愚蠢到私下对自己说法语：“我将看到我自己，我将读懂我自己，我将迷恋我自己，并说：这可能吗，我有这么多的智慧吗？”（法语：Je me verrai, je me lirai, je m’ extasierai et je dirai: Possible, que j’ aie eu tant d’ esprit? ）……

28

“非个人主义者”拥有了发言权。——“对我们来说，没有什么比明智、耐心、深思熟虑更容易的了。我们身上滴落着宽容和怜悯的油，我们以一种荒谬的方式公正，我们原谅一切。正是因为这个原因，我们应该让自己更严格一点；正是因为这个原因，我们应该不时为自己培养一点冲动小情绪，一点情绪冲动的恶习。它可能会让我们感到生气；我们私下里可能会嘲笑我们因此而表现出来的这一面。但这能怎么办呢？我们已经再无其他自我克制的方法了。这就是我们的禁欲主义，我们的赎罪”……变得有个性——“非个人主义者”的美德……

29

来自一场博士答辩。——“所有高等教育的任务是什么？”——使人成为一台机器。——“达到这一目的的手段是什么？”——他必须学会厌烦。——“如何实现这一目标？”——通过责任的概念。——“谁是他的榜样？”——语言学家：他教人死记硬背。——“谁是完美的人？”——国家官员。——“哪种哲学为国家官员提供了最高级的公式？”——康德的哲学：作为自在之物的国家官员被任命为法官，去审判作为现象的国家官员。

30

犯蠢的权利。——疲惫不堪、呼吸缓慢的工人，带着善意的眼光，任由事物自然发展。如今在这个工作（和“帝国”！——）的时代，人们在社会的各个阶层都可以遇到这种典型的人物。而恰恰就是这样的人物在今天要求拥有艺术，包括书籍，尤其是杂志，以及如此美丽的大自然，意大利……拥有浮士德所说的“沉睡的野性本能”的迟暮之人，需要避暑胜地、海滨度假地、冰场、拜罗伊特……在这样的时代，艺术有权做纯粹的蠢事——作为一种精神、智慧和情感的假期。瓦格纳明白这一点。纯粹的蠢事有复原的效果……

31

还有一个疗法问题。——尤利乌斯·恺撒[①]抵御疾病和头痛的手段是长途行军——最简单的生活方式，不间断地待在户外，不停地操劳。总的来说，这些都是维持和保护这个在最高压力下工作的精妙机器的极端脆弱性的措施，这就是所谓的天才。

① 尤利乌斯·恺撒（前100—前44），古罗马政治家、军事家。

32

非道德主义者说话了。——没有什么比一个有着愿望的人更违背哲学家的品味了……如果哲学家只在人的行动中看到人，看到这种最勇敢、最狡猾、最坚韧的动物，在迷宫般的困境中甚至迷失了方向，那么这人在他看来是多么令人钦佩啊！他还鼓励他……但哲学家鄙视有愿望的人，甚至鄙视“理想的”人——一般来说，他鄙视人的一切欲望，一切理想。如果一个哲学家能成为一个虚无主义者，他就会是这样，因为他发现人的所有理想背后都是虚无。或者甚至连虚无都不是，只是一些没有价值的、荒谬的、病态的、懦弱的、疲惫的东西，一些从他已饮尽的生命之杯中倒出的各类残渣……人作为现实，是如此值得崇敬。为什么一旦有了愿望就会不值得尊重了呢？他必须因自己作为一个现实中如此勤奋的人而受到惩罚吗？他必须在虚构和荒诞中伸展肢体来舒缓他的行动，舒缓他在一切行动中的头脑和意志的紧张吗？——迄今为止，人类的愿望史一直是人类羞耻的部分：我们应该注意不要在其中阅读得过长。证明人的正确性是他的现实——它将永远证明他是正确的。与一些纯粹愿望中的、梦想中的、卑鄙地捏造出来的人相比，现实的人有多大的价值？……而只有理想的人才会与哲学家的品味相悖。

33

利己主义的自然价值。——自私自利的价值与自私自利之人在生理上的价值是等同的：它可以价值连城，也可以不值一提，令人鄙视。每个人都可以就此得到评价，他是代表生命的上升路线还是下降路线。在确定了这一点之后，人们也就有了一个关于他的自私之价值的标准。如果他表现出上升路线，那么他的价值确实非同寻常——而且为了与他一起更进一步的生命整体，他对保护和创造他的最佳条件的关注，可能已经达到了极端的程度。个人、“个体”，正如人们和哲学家迄今为止所理解的那样，确实是一个错误：他并非自为的，不是原子，不是“链条中的一环”，绝不仅仅是过去的遗传物——他依然是到他为止人的一条完整路线……如果他代表着下降的发展、衰败、慢性退化、疾病（——总体来看，疾病已经是衰败的后果，而不是它的原因），那么他就没有什么价值，而最高公正希望他尽可能少地从发育良好的人那里讨要。他只是他们的寄生虫……

34

基督徒和无政府主义者——当无政府主义者作为社会衰落阶层的代言人，怒不可遏地要求“权利”“正义”“平等”的时候，他只是受到了其粗野本质的支配，这种本质并不理解他实际上为何在受苦——他缺乏什么，缺乏生命……他身上有一种强大的追根溯源的冲动：他的处境不好，就一定要有人对此负责……甚至“怒不可遏”本身已经让他心情愉悦，谩骂是所有可怜鬼的乐趣——它给人一种小小的权利陶醉。即使是抱怨和哀叹，也能给生活带来一种魅力。为了这种魅力，人们忍受着它：在每一次抱怨中都被注入一剂更精密的报复。人们会因自己的坏处境，有时甚至会因为自己的恶劣行径而责怪与自己不同的人，就像是在责备一种不公平、一种未经许可的特权。“如果我是恶棍，那么你也应该是恶棍。”这就是革命所依据的逻辑。怨天尤人在任何情况下都是无用的。它源于软弱。不管是把自己的坏处境归咎于他人，还是归咎于自己——比如前者就是社会主义者的做法，后者是基督徒的做法——本质上并没有区别。两者之间的共同点，也是我们所说的有失体面的地方是，有人受苦，就得有人为此负责。简而言之，受苦者为了摆脱痛苦而给自己开了一剂复仇蜜饯的药方。这种报复的需求和快乐的需求一样，其客体是临时的原因：受难者到处都能找到原因来发泄他小小的报复欲。——再说一遍，如果他是一个基督徒，他就能在自己的身上找到这个原因……基督徒和无政府主义者都是颓废者。但是，即使基督教徒谴责、诽谤、玷污“世界”，他也是出于一种与社会主义工人谴责、诽谤、玷污社会一样的本能：“最后的审判”本身仍然是复仇的甜蜜慰藉——革命，正如社会主义工人也期待的那样，只是被设想得远了一点而已……“彼岸”本身——如果彼岸不是玷污这个世界的手段，那么彼岸有什么用呢？……

35

对颓废道德的批判。——一种“利他主义”的道德，一种自私自利逐渐消失的道德——在任何情况下都是一个不好的信号。个人是如此，民族更是如此。当自私自利开始缺乏时，最好的东西也就缺乏了。本能地选择对自己有害的东西，被“无利害”的动机所诱惑，这几乎是颓废的公式。“不谋求私利”，这只是一块用来掩盖完全不同的生理事实的道德遮羞布：“我不再知道如何寻找我的利益。”……这是本能的崩溃！当人变为利他主义者时，他就完了。颓废者口中的道德谎言不是天真地说：“我不再有任何价值。”而是说：“没有任何东西是有价值的——生命是没有价值的。”……这样的判断最终仍然是一个巨大的危险，它具有传染性。在整个社会的病态土壤上，它很快就长成了热带概念的植物，有时作为宗教（基督教），有时作为哲学（叔本华主义）。在某些情况下，这种从腐烂中生长出来的有毒植物，会在数千年内用它的毒气毒害生命……

36

医生的道德。——病人是社会的寄生虫。在某种状态下，再活下去是不体面的。在生命的意义、生存的权利已经丧失的情况下，还继续懦弱地依赖医生和医术苟活，就该招致社会的深深蔑视。反过来，医生将不得不成为这种蔑视的中介——他给病人开的不是药方，而是每天一剂新的厌恶……一种新的医生的责任从此诞生了，他要为一切情况负责，即生命之最高利益。上升着的生命之最高利益需要最无情地压制和剔除退化的生命的情况，例如，为了生育权，为了出生权，为了生存权……如果不能再骄傲地活着，那就骄傲地死去。自由自愿地选择死亡，适时地死亡，清醒而愉悦地在子女和证人的陪伴下死亡。这样一来，尚且在世的告别者，就有可能做出真正的告别，同时还有可能对已实现和想要的东西做出真正的评估，对生命做一次总结。所有这一切都与基督教在临终时刻上演的可悲又可怕的喜剧形成反差。人们不应忘记，基督教滥用临终者的虚弱来强暴良知，滥用死亡的方式来对人和过去进行价值判断！在这里，尽管出于各种各样的原因，但我们可以看到，基督教对死亡的态度非常明确。——在这里，要反对一切偏见的懦弱，首先需要建立的是对所谓自然死亡的正确的，即生理上的认识：这最终也只是一种“非自然”的死亡，一种自杀。人绝非死于他人，而是死于自己；只不过是在最可鄙的条件下的死亡，是不自由的死亡，是不适时的死亡，是懦夫的死亡。出于对生命的热爱，一个人应当以一种不同的方式死亡，自由地，有意识地，非偶然地，非猝不及防地死亡……最后，给悲观主义者和其他颓废者一些建议。我们无法阻止自己的出生，但我们可以弥补这个错误——因为它有时就是一个错误。如果一个人清除了自己，他做的就是最值得尊敬的事情，以此，他几乎没有白活……社会，我怎么说呢！还有生命本身从中得到的好处比从任何听天由命、苍白和其他美德的“生活”中得到的好处更多——他让别人摆脱他的景象，他让生命摆脱异议……悲观主义，纯粹而简单，只有通过悲观主义者的自我反驳才能证明自己：人们必须在自己的逻辑中更进一步，而不仅仅是像叔本华那样用“意志和表象”来否定生命——人们必须首先否定叔本华……顺便说一句，悲观主义虽然具有传染性，但并没有增加整个时代、整个种族的病态。悲观主义是这种病态的表现。人们屈服于它，就像屈服于霍乱：他肯定已经病入膏肓了才会这么做。悲观主义本身并不会使一个人更加颓废；我记得统计结果是，在死亡总数上，霍乱肆虐的年份与其他年份并无差别。

37

我们是否变得更有道德了。——正如可以预料的那样，道德愚昧的全部暴行——众所周知，它在德国已被视为道德本身——已经投入反对我的“善恶的彼岸”这一概念的战斗中了。我要好好地讲一讲关于它的故事。首先，人们要我认真考虑我们这个时代在道德判断方面的“不可否认的优越性”，我们在这里真正取得的进步。与我们相比，恺撒·博尔吉亚[①]绝不能被视为一个“更高尚的人”，一种我所称的“超人”……一位来自《联邦报》的瑞士编辑，走得如此之远，以至于对我敢于冒

---

① 恺撒·博尔吉亚（1476—1507），意大利瓦伦西亚大主教，绰号“毒药公爵”，十六世纪初几乎征服了全意大利。

这样的风险表示尊重，竟然把我作品的含义“理解”为我欲用此来废除一切正派的感情。非常感谢！——作为回复，请允许我冒昧地提出一个问题：我们是否真的变得更有道德了？整个世界都相信这一点，这已经是对它的异议了……我们现代人，非常敏感，非常脆弱，互相给予和接受关怀，百般思虑，事实上是产生了错觉，以为我们所代表的这种脆弱的人性，在爱护、帮助、相互信任方面所取得的这种一致，是一种积极的进步，我们似乎因此远远超过了文艺复兴时期的人们。但每个时代都这样想，也必定这样想。可以肯定的是，我们不应该把自己放在文艺复兴时期的状态中，甚至不应该这样设想：我们的神经无法承受这种现实，更不用说我们的肌肉了。但这种无能所证明的并不是进步，而只是一种不同的、迟暮的状态，一种更虚弱、更敏感、更脆弱的状态，从这种状态中必然产生一种体贴的道德。如果我们抛开我们的脆弱和迟暮，抛开我们的生理老化不考虑，我们的“人性化”道德也会立即失去价值——任何道德本身都是没有价值的——它会使我们自己蔑视它。另一方面，对于这一点我们不用怀疑：我们现代人的这包裹着厚厚棉被的人性，脆弱得经不起半点碰撞，在恺撒·博尔吉亚的同时代人面前，上演着笑死人的喜剧。事实上，我们的现代“美德”在很大程度上让我们不自觉地成了笑话……敌对和怀疑的本能减弱——这或许就是我们的“进步”——只是生命力普遍下降的后果之一：要实现这样一种有条件的、迟暮的存在，需要百倍的努力和更多的谨慎。在这里，人们互相帮助；在这里，每个人在某种程度上都是病人，又都是护士。这就是所谓的“美德”；在那些对生活有不同认识的人中，在生命更充实、更丰富、更热烈的人中，它还有别的称呼，也许是“懦弱”“可怜”“老太太的道德”……我们对道德的柔化是衰退的一种结果——这是我的命题，如果你愿意，也可以说是我的创新；相反，道德的严酷和可怕则是生命盈余的一个结果：因为那时才可能有很多冒险，很多挑战，很多浪费。曾经作为生活调味品的东西，对我们来说可能是毒药……漠不关心——这也是一种形式的力量——我们也太老迈、太迟暮了：我们的怜悯道德，也可以被称为道德印象主义（法语：l’impressionisme morale）——我是第一个对此提出警告的人，它更多的是一种生理过敏的表现，是一切颓废者的特征。那场试图以叔本华的怜悯道德来科学地展示自己的运动——这是一个非常不幸的尝试——实际上是道德领域中真正的颓废运动；作为这样一种运动，它与基督教的道德有着深刻的联系。那些强大的时代，高贵的文化，在同情心，在“博爱”，在缺乏自我和自信的感觉中看到了一些可鄙的东西。——衡量一个时代要根据它的积极力量来做出评判——在这一点上，文艺复兴时期那个如此挥霍和灾难性的时代成了最后一个伟大的时代，而我们，这些现代人，有着谨小慎微的自爱和博爱，有着工作上的勤勉、谦逊、公正、科学性——爱收集、节俭、刻板——却造就了一个衰弱的时代……我们的美德是由我们的衰弱所决定和引起的……“平等”，某种事实上的相似性，只在“平等权利”的理论中表现出来，本质上却属于衰落：人与人之间的鸿沟，阶级与阶级之间的鸿沟，类型的多重性，成就自我和彰显自我的意愿——我把这一切称之为距离的激情，它在每个强盛时代都是固有的。今天，极端之间的张力和跨度越来越小——极端本身最终模糊成为雷同……我们所有的政治理论和国家宪法（“德意志帝国”也不例外）都是衰落的后果和必然结果；颓废的无意识影响甚至渗透到个别科学的理想中成了主人。我对英国和法国的整个社会学的反对意见仍然是，它只是从经验出发了解社会的衰败结构，并完全无辜地把自己的衰败本能作为社会学价值判断的准则。衰败的生命，一切组织能力的减弱，即分离、扩大鸿沟、令人信服和指挥能力的减弱，在今天的社会学中被表述为理想……我们的社会主义者是颓废者，但赫伯特·斯宾塞[①]先生也是一个颓废者——他在利他主义的胜利中看到了一些可取之处！……

① 赫伯特·斯宾塞（1820—1903），英国著名哲学家、社会学家，被誉为“社会达尔文主义之父”，代表作有《社会静力学》《社会静态论》《人口理论》等。

38

我的自由概念。——一件事的价值有时不在于人们靠它得到了什么，而在于人们为它付出了什么——它让我们花费了什么。我举一个例子。自由主义机构一旦成立，就马上不再是自由主义了：从此以后，再没有比自由主义机构更厉害、更彻底的损害自由的东西了。我们当然知道它们都做了什么：它们破坏了权力的意志，它们拉平了山峰和山谷的高度，并把这提升为道德，它们让人变得渺小、懦弱和贪图享受——有了它们，群居动物每次都会取得胜利。自由主义在德语中就是人类畜群动物化……只要这样的机构还在争取什么，就会产生截然不同的效果；那么它们确实会以一种强有力的方式促进自由。更确切地说，产生了这些作用的是战争，是为自由主义机构而展开的战争，正是这样的战争使得非自由主义的本能得以持续。战争培育了自由。因为，什么是自由？就是一个人拥有为自己负责的意志；就是一个人坚守将彼此分开的距离；就是一个人变得对艰难、困苦、匮乏，甚至对生命更加的漠不关心；就是一个人准备为他的事业牺牲别人，包括他自己。自由意味着男性的本能，即好战和好胜的本能，可以支配其他事物的本能，例如支配“幸福”的本能。自由的人，更别说是自由的精神了，用他的双脚践踏着小商贩、基督徒、母牛、妇女、英国人和其他民主人士所梦想的那种可鄙的舒适。自由人是一个战士。——对个人和民族而言，衡量自由的标准是什么？靠的是必须克服的阻力，靠的是保持巅峰状态所要付出的努力。我们必须到不断克服最大阻力的地方去寻找最高类型的自由人：距离暴政咫尺之遥，濒临被奴役的危险。这在心理学上是真实的，如果人们在这里把“暴君”理解为无情和可怕的本能，即挑战最高权威和自我约束的本能——最好的典范就是尤利乌斯·恺撒——人们只要回顾一下历史就知道，这在政治上也是真实的。那些曾经有一定价值和变得有一定价值的民族，从来都不是在自由主义制度下才有价值的：巨大的危险使它们产生了值得敬畏的品质，这种危险首先教会了我们认识我们的救助手段、我们的美德、我们的武器装备、我们的精神，迫使我们变得坚强……第一条原则：人必须有坚强的需要，否则就永远不会坚强。——那些培育坚强，培育有史以来最强者的伟大温室，罗马和威尼斯那样的贵族团体，正是我所理解的自由一词意义下的自由，把它看作是一个人既拥有又没有的东西，是一个人想要的东西，是一个人赢得的东西……

39

现代性的批判。——我们的机构已毫无用处：这一点大家一致同意。但原因不在于它们，而在于我们。现在我们已经失去了从中生长出机构的所有本能，也就完全失去了机构，因为我们不再适合它们。民主主义在过去一直是组织力衰退的形式：在《人性的，太人性的》第一卷第318页中，我已经把现代民主，连同它的半成品，如“德意志帝国”，定性为国家的衰落形式。想要拥有机构，就必须有一种意志、本能和命令。反自由主义必须达到恶毒的程度：对传统的意志，对权威的意志，对未来几个世纪之责任的意志，对向前和向后无限延伸的世代团结的意志。如果这种意志存在，那么类似罗马帝国的东西就建立起来了：或者像俄国，这是当今唯一一个体内持续有力，可以等待、仍可承诺一些东西的政权——俄国与可悲的欧洲的割据状态和紧张局势形成鲜明对比，这种割据和紧张随着德意志帝国的建立而进入一个紧要关头……整个西方不再有那种从中产生机构、产生未来的本能：也许没有什么比这更违背它的"现代精神"了。人们得过且过，行色匆匆——活得非常不负责任：而这恰恰被人们称为"自由"。那些把机构变成机构的东西被鄙视、憎恨、拒绝：甚至只要在任何地方说出"权威"这个词，人们就会认为自己将面临新的奴隶制的危险。我们的政治家、我们的政党的价值本能已经达到了如此颓废的程度：他们本能地倾向于导致解体、加速结束的东西……现代婚姻就是明证。显然，"现代婚姻"已经失去了所有的理性；但这并非反对婚姻，而是反对现代性。婚姻的理性基于男人在法律上的全权责任：由此，婚姻就会有一个重心，而今它的两条腿却都是跛的。婚姻的理性基于它在原则上的不可解体性：由此，婚姻就会获得一种音调，让它知道在面对感情、激情和时机的偶然事件时，如何让别人听到自己的声音。婚姻的理性还基于家庭对选择配偶所承担的责任。随着人们对爱情婚姻的态度日益宽容，那些使婚姻成为一种机构的基础就直接被消除了。人们绝不会把一个机构建立在过敏反应之上。如上所述，婚姻不是建立在“爱情”的基础上，而是建立在性冲动、财产冲动（妻子和孩子是财产）和统治冲动的基础上。这种统治冲动不断地为自己组织起最小的统治结构，即家庭。它还需要孩子和继承人，以便在生理上也保持已获得的权力、影响和财富，以便为长期的任务、为几个世纪之间本能的团结做准备。婚姻作为一种机构，本身已经包含对最伟大、最持久的组织形式的肯定：如果社会本身甚至不能作为整体为自己向最遥远的世代进行担保，那么婚姻就根本没有意义。——现代婚姻已经失去了它的意义——因此，人们废除了它。

40

工人问题。——愚蠢是本能的退化，这是今天所有愚蠢的原因。而从根本上说，愚蠢就在于存在着一个工人问题。对某些事情不发问：这是本能的第一命令。——我完全看不出，人们在首先把欧洲工人当作一个问题提出来之后，还想拿他们干什么。他们的状况相当好，不需要别人一个接一个地、越来越放肆地提出更多的问题。最终，他拥有了大量的问题。一种希望已经破灭，即希望一种谦虚和自给自足的人，一种中国人的类型，在这里出现：而这本来是合理的，完全是一种必然。人们都干了什么？——不遗余力地把产生这种阶层的前提条件全部消灭在萌芽状态。——人们用不负责任的漫不经心，把工人赖以成为一个阶级、成为自身的本能破坏殆尽。工人已被改造成能武善战之人，还被赋予了结社权和政治投票权：如果今天的工人已经感到他的存在陷入了一种困境（从道德上来讲就是不公正），这有什么奇怪的呢？再问一次，人们想要什么？如果一个人想要一个目的，那么他必定也想要一个手段：如果一个人想要奴隶，却又把他教育成主人，那么他就是一个傻瓜。

41

“自由，我指的不是它……”[①]——在当今这样的时代，听任自己的本能更是一场灾难。这些本能相互矛盾，相互干扰，相互破坏；我已经把现代性定义为生理上的自相矛盾。教育的理性会希望这些本能系统中至少有一个在铁的压力下瘫痪，以便让另一个获得力量，变得强大，成为主人。今天，人们必须首先通过限制个人而使个人成为可能：所谓可能意味着完整……事实却相反：要求独立、要求自由发展、要求放任自流的人，恰恰是那些对他们来说再严厉地约束都不为过的人——在

① 参见德国诗人申肯多夫的诗歌《自由》的第一行“自由，我指的是……”

政治上是如此，在艺术上也是如此。但这是颓废的一个症状：我们现代的“自由”概念是本能退化的一个证据。

42

迫切需要信仰的地方。——在道德家和圣人中，没有什么比诚实更罕见的了；也许他们说的，甚至信仰的都是相反的东西。因为如果一种信仰比有意识的虚伪更有用、更有效、更有说服力的话，那么，出于本能，虚伪很快就会变得无辜：这是理解伟大圣人的第一原理。对于哲学家，也就是另一种圣人来说，他们的整套技艺要求他们只承认某些真理，即他们的技艺得到公众认可的真理——用康德的话来说，就是实践理性的真理。他们知道自己必须证明什么，在这一点上他们是实际的——他们通过在“真理”上达成一致的事实来认出彼此。——“你不应该撒谎”——用德语说就是：我的哲学家大人，请注意不要说出真理……

43

说给保守党人听的话。——我们过去不知道的东西，我们今天知道的，以及可以知道的东西——任何意义上或程度上的倒退、逆转都是不可能的。我们的生理学家至少知道这一点。但是所有的牧师和道德家都相信那是可能的——他们想把人类带回到、退回到过去的美德尺度上。道德一直是一张普洛克路斯忒斯之床[①]。甚至政治家们也在这一点上模仿了道德传教士：即使在今

① 普洛克路斯忒斯是古希腊神话中的一个强盗，他定制了一长一短两张床，拦截路人强行让他们躺在床上，令身矮者躺在短床上，将路人强行拉至与床沿相齐，令身高者躺在长床上，并将长于床沿的腿脚砍断。普洛克路斯忒斯后被忒休斯击败。“普洛克路斯忒斯之床”今指“强求一律”的做法。

天，也有一些政党梦想万物像螃蟹一样倒行，并将其作为目标。但没有人能够随意变成螃蟹，毫无办法：人必须向前走，也就是说，在颓废中一步一步地走（——这是我对现代“进步”的定义……）。人们可以阻碍这种发展，通过阻碍，拦截、积累退化本身，让它来得更为猛烈和突然：这就是人们所能做的一切，再没有更多了。

44

我的天才概念。——伟大的人，如同伟大的时代，是一种爆炸物质，其中积聚着巨大的力量；从历史和生理学角度看，他们的前提始终是：他们身上长期地收集、堆积、储存和保留着能量——长此以往，不发生爆炸。但一旦物质中的张力过大，最偶然的刺激就足以催生“天才”、“伟业”、伟大的命运。那么，这与环境、时代、“时代精神”、“公众舆论”又有何相干！——以拿破仑为例。大革命时期的法国，以及大革命前的法国，原本可以产生与拿破仑相反的类型：但也产生了他这种类型。因为拿破仑是另一类人，他是一个比法国的蒸汽和戏剧文明更强大、更悠久、更古老文明的继承者，所以他成为这里的主人，也只有他才是这里的主人。伟人是必然的，他们出现的时代是偶然的；他们几乎总是时代的主人，只是因为他们更强大、更古老，他们身上积聚能量的时间更长。天才与其时代之间的关系，就像强者与弱者之间的关系，也像年老者与年轻人之间的关系：相对而言，时代总是更年轻、更瘦弱、更不成熟、更不可靠、更幼稚。——今天，法国人对这个问题的看法迥然不同（在德国也是如此，但这无关紧要），在那里，环境理论，一种真正的神经病患者理论，变得神圣不可侵犯，近乎是科学的，甚至为生理学家所相信，这“闻之欲呕”的事实让人感到悲哀。——在英国，人们对它的理解并无不同，但没有人会为此感到悲哀。对于英国人而言，人们与天才和“伟人”打交道的方式只有两种：要么是巴克尔[①]的民主方式，要么是卡莱尔的宗教方式。——蕴藏在伟人和时代中的危险非同寻常：各种类型的枯竭和贫瘠紧随其后。伟人是一个终点；伟大的时代，例如文艺复兴，也是一个终点。天才——在创作中和行动上——必然是一个挥霍者：耗尽精力就是他的伟

① 巴克尔（1821—1862），英国著名历史学家，代表作有《英国文明史》。

大之处……自我保存的本能仿佛被搁置；奔涌而出的力量所产生的巨大压力不允许他有任何的小心和谨慎。人们把这称为“牺牲”；人们赞扬他在其中表现出的“英雄主义”，赞扬他对自己利益的漠不关心，赞扬他对一个理念、一份伟大事业、一个祖国所做的贡献：全是误解……他奔涌，他外放，他消耗自己，他不爱惜自己——厄运般地，灾难性地，不由自主地，如同河流冲过河岸般地不由自主。但是，因为人对这种爆炸物感激不尽，所以也给了他们许多回报，比如说，一种高尚的道德……这就是人类的感恩方式：他们误解了他们的恩人。

45

犯罪者及其相关者。——犯罪类型是在不利条件下的强者类型，一个病态的强者。他远离荒野，远离某种更自由、更危险的自然和生存形式，在这种情况下，强者本能中的一切武器和防卫都是合法的存在。他的美德被社会驱逐；他带来的最活跃的冲动很快与令人沮丧的情绪，与怀疑、恐惧、耻辱交织在一起。但这近乎是促进生理退化的秘诀。谁必须秘密地做他最擅长的事，做他最想做的事，带着长期的紧张、谨慎、狡猾，谁就会变得贫血；而且因为他从他的本能中收获的，始终只有危险、迫害、厄运，他的情感也转而反对这些本能——他宿命地感受着它们。这就是社会，我们这驯服的、平庸的、被阉割的社会，在这个社会里，一个来自山川或经历过海洋冒险的天然之人必然会堕落成一个罪犯。或者说，这几乎是必然的，因为在某些情况下，这样的人会证明自己比社会更强大：科西嘉人拿破仑就是最著名的案例。就目前的问题而言，陀思妥耶夫斯基[①]的证词是很有意义的——顺便说一下，陀思妥耶夫斯基是唯一一个我可以从他那里学到东西的心理学家，他是我生命中最美妙的幸事，甚至比发现司汤达[②]还幸运。这个深刻的人，有十足的权利去鄙视那些肤浅的德国人，他曾长期生活在西伯利亚囚犯中间，对那些无法再回归社会的重刑犯有着与他自己的预期大相径庭的看法——他们大概是用俄罗斯土地上生长得最好、最硬、最宝贵的木材雕刻而成的。让我们把罪犯的例子延伸思考，让我们想想那些由于某种原因缺乏公众认可的天性，他们知道自己不被认为是有益的和有用的——他们有一种贱民感，那种不被认为是平等的，被抛弃的、不值得的、污浊之

---

① 陀思妥耶夫斯基（1821—1881），俄国作家，代表作有《罪与罚》《卡拉马佐夫兄弟》《白痴》等。

② 司汤达（1783—1842），十九世纪法国批判现实主义作家，代表作有《红与黑》《帕尔马修道院》。

物的感觉。所有这样的天性在他们的思想和行动上都有地下生活者的色彩；在他们身上，一切都比那些生活在白天的人更苍白。但是，几乎所有我们今天赞扬的存在形式都曾经在这种半坟墓的空气中生活过：科学家、艺术家、天才、自由思想家、演员、商人、伟大的发现者……只要教士被认为是最高类型的人，那么每一种有价值的人就会遭遇贬值……这样的时代就要来了——我保证——届时，那些教士会被视为最低级的类型，视为我们的贱民，视为最虚伪的、最不体面的一类人……我注意到这样一个事实：即使是现在，在地球上或至少在欧洲盛行的最温和的道德规范下，每一种怪癖，每一种漫长的、过于长久的地下生活，每一种不寻常的、不透明的生存形式，都使我们接近罪犯所完成的那种类型。所有的精神革新者的额头上都曾在一个时期印有一个苍白而宿命的标志：不是因为他们会被如此看待，而是因为他们自己感觉到了一条将他们与一切传统和可敬的东西分隔开来的可怕鸿沟。几乎每个天才都知道，“卡提利纳[1]式的存在”是他发展的一个阶段，这是一种对一切已经存在的，以及不复生成的仇恨、报复和反叛的感觉……卡提利纳——每个恺撒的前存在形式。

① 卡提利纳（前108—前62），曾于公元前63年任罗马司法官，后密谋武装暴动、夺取政权，但被挫败并驱逐。

46

这里视野开阔。——当一个哲学家沉默不语时，可能是触及了他的心灵；当他自相矛盾时，可能是爱；说谎可能是认知者的一种礼节。有人说："让伟大的心灵去传播他们所感受到的战栗是不值得的。"（法语：il est indigne des grands coeurs de rẻpandre le trouble, qu' ils rẻssentent.）这句话不无微妙之处，只是必须补充的是，不惧怕最不值得的事也可以是心灵的伟大。一个爱着的女人牺牲了她的荣誉，一个"爱着的"认知者也许牺牲了他的人性，一个爱着的上帝成了一个犹太人……

47

美不是偶然的。——即使是一个种族或家族的美，其姿态中的优雅和善良，也是经由努力获得的：它和天才一样，是几代人积累的最终结果。人们必须为良好的品味做出巨大的牺牲，必须为它做许多事，也必须放弃许多事——十七世纪的法国在这两方面都令人赞叹——人们对于社交、场所、衣着、性满足必须有一个选择的原则，人们必须把美放在利益、习惯、意见和懒惰之上。最高准则：即便对于自己，人们也不能“放任自流”。——美好的事物都极其昂贵；而且下述法则始终有效，即拥有它们的人和获得它们的人不是同一个人。一切美好的事物皆是遗产：不是继承来的东西，都是不完美的，只是开端……在西塞罗[①]时代的雅典，男子和少年在美貌方面远超女人，西塞罗对此非常惊讶，但几个世纪以来，那里的男性为了美而付出了多么艰辛的努力啊！——在这里，人们不应该用错了方法：仅仅培养感情和思想几乎是毫无用处的（——这里是对德国教育的巨大误解，它完全是虚幻的）；人们首先必须说服身体。严格保持杰出的、优雅的姿态，承诺只与不“放任自流”的人生活在一起，如此一来，人们就完全足以变得杰出和优雅了：在两三代人中，一切都已经内化。文化应该从正确的地方开始，而不是从“灵魂”开始（这是教士和半教士的致命迷信），这对民族和人类的命运具有决定性意义：正确的地方是身体、姿态、饮食、生理学，其余的都是由此而来……因此，希腊人仍然是历史上第一个文化事件——他们知道，他们做了必要的事情；蔑视身体的基督教，是迄今为止人类最大的不幸。

---

① 西塞罗（前106—前43），古罗马著名政治家、哲人，代表作有《论法律》。

48

我所理解的进步。——我谈到了“回归自然”，尽管它并不是一种倒退，而是一种上升——上升到高尚的、自由的甚至是可怕的自然和天性中去，一种戏弄，并且有权戏弄伟大使命的天性……打个比方：拿破仑就是我所理解的“回归自然”的例子（比如在迷阵战术方面，特别如军事家所知，更是在战略中）。——但是卢梭——他究竟想回到哪里去？卢梭，这第一位现代人，集理想主义者和贱民于一身；他需要道德上的“尊严”来忍受自己的观点：因无节制的虚荣和无节制的自我轻视而患病。这个在新时代的门槛上安营扎寨的怪胎，也想“回归自然”——再问一遍，卢梭想回归到哪里去？——我对卢梭的憎恨还在于大革命[①]的发生：它是集理想主义者和贱民于一身的双重身份的世界史的表现。这场革命上演的血腥闹剧，它的“不道德”，与我关系不大；我所憎恨的是其卢梭式的道德——所谓的革命“真理”，而革命仍然用这所谓的真理来说服所有肤浅和平庸的人加入它。平等学说[②]！……但没有比这更恶毒的毒药了：因为它看似在宣扬公正本身，实则却是公正的终结……给平等者以平等，给不平等者以不平等——这才是真正的公正。而且，由此得出的结论是，永远不要让不平等者平等。——围绕着这一平等学说发生了如此可怕和血腥的事件，给这一卓越的“现代理念”一种荣耀和火光，以至于革命作为一种景象，甚至诱惑了最高贵的灵魂。归根结底，这并不是让我们更加尊重它的理由。——我只看到一个人对它感到厌恶，正如它必定会被感受到的那样——歌德……

---

① 这里的大革命是指 1789 年的法国革命。

② 这里暗指法国大革命的口号：自由、平等、博爱。

49

歌德——不是一个德国事件，而是一个欧洲事件：一个想通过回归自然，通过上升到文艺复兴的质朴，来克服十八世纪的伟大尝试，是这个世纪的一种自我征服。——他身上有着这个世纪最强烈的本能：多愁善感、崇尚自然、反对历史、理想主义、非实在和革命（——后者只是非实在的一种形式）。他寻求历史、自然科学、古希腊罗马文化和斯宾诺莎，尤其是实践活动的帮助；他将自己囿于封闭的视野之内；他不脱离生活，而是置身其中；他没有绝望，而是尽可能地接纳、吸收、容忍。他想要的是整体；他与理性、感性、情感、意志的分离做斗争（——与歌德的相反人物康德，以最令人不寒而栗的经验哲学宣扬这种分离），他训练自己变成整体，他创造自己……在一个非实在的时代中，歌德是一个坚定的实在论者：他对在这方面与他相近的一切表示肯定——对他来说，没有比那个叫作拿破仑的“最实在者”（拉丁语：ens realissimum）更伟大的事件了。歌德塑造了强壮的、高修养的、精通各种体能、拥有自制力、敬畏自己的人，他敢于享用全部范围的、丰富的自然，他足够强大到可以享受这种自由；他塑造了宽容的人，不是出于软弱，而是出于坚强，因为他知道如何利用那些会破坏一般天性的东西为自己服务；他塑造了毫无禁忌的人，对他来说，除了软弱，没有什么更多的禁忌，无论它现在被叫作罪恶还是美德……这样的自由精神带着快乐和信任的宿命论站在宇宙之中，心怀信仰，相信唯有个体应受谴责，而一切都在整体中得到救赎和肯定——他不再否定……但这种信仰是一切可能的信仰中级别最高的那个，我用狄奥尼索斯的名字为它命名。

50

可以说，在某种意义上，十九世纪也曾追求过歌德作为个人所追求过的一切：一种理解和认可的普遍性，一种对每个人的接纳，一种大胆的实在论，一种对一切事实的敬畏。为什么总体结果不是歌德，而是一种混乱，一种虚无主义的叹息，一种束手无策，一种在实践中不断地驱使人们回到十八世纪的疲惫本能？（——例如情感的浪漫主义，利他主义和超感性主义，品味中的女性主义，政治中的社会主义）。十九世纪，特别是在它的末期，难道不只是一个强化的、野蛮的十八世纪，即一个颓废的世纪？因此，歌德不仅对德国，而且对整个欧洲来说，只是一个偶然事件，一次美丽的白费力气？——但是，如果从公共利益的可悲角度看，人们就会误解伟大的人。人们不知如何从他们身上获益的事实，也许就是他们伟大的一部分……

51

歌德是我敬畏的最后一个德国人：他感受到了我所感受到的三件事——我们对于“十字架”的理解也是一致的……经常有人问我为什么要用德文写作：因为没有什么地方会比我的祖国更难糟糕地阅读我。可又有谁知道，我是否还希望在今天被阅读到呢？——创造那些岁月无法吞噬的东西，在形式和内容上争取一个小小的不朽——我从来没有谦虚到向自己要求得更少。名言和警句是“永恒”的形式，而在这方面我是德国首屈一指的大师；我的志向是，用十句话说出别人用一本书说出的话——说出别人用一本书也没有说出的话……

我已经给予人类所拥有的最深刻的书，即我的《查拉图斯特拉如是说》；不久后，我将把最独立的书给予人们[①]。

---

① 此处为新书预告，新书即《权力意志》。

我要感谢古人什么

1

最后，谈一谈我曾经寻找入口，且也许已经找到了新入口的世界——古代世界。我的品味，可能与宽容的品味相反，也远和那种统统说“是”的态度相去甚远：它根本不喜欢说“是”，更喜欢说“不”，最好什么都不说……对于整个文化如此，对于书籍如此，对于地方和风景亦如此。在我的生命中，基本上只有极少数的古代书籍在考虑范围之内；最有名的不在其中。我对于风格的感觉，对于作为风格的警句诗的感觉，几乎是在接触到萨卢斯特[①]时瞬间觉醒的。我忘不了，当我尊敬的老

① 萨卢斯特（前 86—前 35），古罗马政治家、历史学家、作家。

师科森不得不给他最差的拉丁文学生以最好的分数时，所表现出来的惊讶——我一下子成熟了。紧凑、严格，有尽可能多的内容，对于“华丽的辞藻”，甚至“美妙的情感”有一种冷酷的恶意——我由此认识了自己。人们会通过我的《查拉图斯特拉如是说》意识到，我的身上具有一种严肃地追求罗马风格、追求比铜铁还持久的风格的野心。——在我第一次接触到贺拉斯[①]时，情况并无不同。时至今日，我从未在任何其他诗人身上获得过像贺拉斯的颂歌从一开始就带给我的那种艺术愉悦——对于某些语言来说，这里所取得的成就甚至无法企求；在这种文字的镶嵌中，每个字都通过声音、位置、概念，向右、向左、向着整体迸发出它的力量。这种符号范围和数量上的最小化，以及因此而实现的符号能量上的最大化——所有这些都是罗马式的，如果你愿意相信我的话，它也是高贵和卓越的。相比之下，一切其他诗歌都变成了过于世俗的东西——一种纯粹的情感上的饶舌……

① 贺拉斯（前65—前8），古罗马著名诗人、批评家、翻译家，代表作有《诗艺》《讽刺诗集》等。

2

对于希腊人，我从未有过任何一种如此强烈的印象，直截了当地说，他们对我们来说不可能像罗马人一样。人们不会向希腊人学习——他们的方式太过陌生，也太过流动，以至于不易发生命令式的和“经典式”的作用。有谁向希腊人学过写作？又有谁没跟罗马人学过写作？……不要用柏拉图来反驳我。关于柏拉图，我是一个彻底的怀疑论者，始终不能加入到在学者们中流行的，对马戏演员柏拉图的崇拜。毕竟，古人中最精准的鉴赏者是站在我这边的。在我看来，柏拉图把各种风格的形式都混在了一起，因此他是风格的第一个颓废者：他的良心如同发明了麦尼波斯讽刺诗[1]的犬儒主义者一样坏。只有从来没有读过像丰特奈尔[2]这样优秀的法国作家作品的人，才会认为柏拉图的对话这种令人震惊的自负和幼稚的辩证法类型有魅力。柏拉图无聊极了。——最后，我对柏拉图的不信任达到了极致，我发现他如此偏离希腊人的一切基本本能，如此道德化、如此强烈地预示了基督教的产生——他已经把“善”这个词当作了他的最高概念——对于这一整个柏拉图现象，我宁愿用“高级诈骗”这个严厉的词，或者，如果你愿意，也可以用理想主义——而非任何其他词汇。这个雅典人曾在埃及人那里上过学（——或者说在埃及的犹太人那里上过学？……），人们为此付出了惨痛的代价。在基督教的巨大厄运中，柏拉图是那种被称为“理想”的模糊性和迷惑力，它使古代的高贵天性有可能误解自己，并踏上通往“十字架”之桥……而在“教会”这个概念中，在教会的建设、制度、实践中，还有多少柏拉图！——我的复原，我的偏好，我对一切柏拉图主义的

① 古希腊罗马文学中的一种文体，名称来源于犬儒派的作家麦尼波斯，一般是对散文和韵文的混合使用。

② 丰特奈尔（1657—1757），法国著名哲学家，代表作有《关于宇宙多样化的对话》。

治疗，在任何时候都是修昔底德[1]。修昔底德，也许还有马基雅维利[2]笔下的学说，因其毫不自欺，并在现实中——而不是在“理性”中，更不是在“道德”中看到理性的绝对意志，而与我最为相似……没有谁能像修昔底德那样，彻底治愈将“受过古典教育”的年轻人带入竞技训练场进行严格训练的报酬而将希腊人粉饰成理想的虚饰了。人们必须逐行翻阅他，像阅读他的文字一样清楚地阅读他隐藏的动机：世上很少有具有如此丰富隐念的思想家。在他身上，智者文化，也就是实在论者文化，得到了完美的体现：一场处在刚刚到处爆发的苏格拉底学派的道德和理想骗局中展开的弥足珍贵的运动。希腊哲学是希腊本能的颓废；修昔底德是存在于古希腊人本能之中强大、严厉、坚硬的事实性伟大总和的最后呈现。面对现实的勇气最终将修昔底德和柏拉图区分开来：柏拉图在现实面前是个懦夫——所以，他逃避到了理想中；修昔底德控制住了自己，因此他也可以控制事物……

---

① 修昔底德，古希腊历史学家、文学家，代表作有《伯罗奔尼撒战争史》。

② 马基雅维利（1469—1527），意大利政治思想家、历史学家，代表作有《君主论》《论李维》《论战争艺术》《佛罗伦萨史》。

3

在希腊人身上看到“美丽的心灵”、“难得的中庸”和其他完美的特性，譬如，在他们身上欣赏到伟大中的静穆，理想的志向，高度的质朴——我内心的心理学家保护我远离这种“高度的质朴”，最终远离一种德国的愚蠢。我看到他们最强烈的本能——权力意志，我看到他们在这种冲动的强大威力前颤抖——我看到他们所有机构都从保护措施中成长起来，以使自己在内部爆炸中互相周全。随后，内部的巨大张力便以可怕和无情的敌意向外释放：各城邦之间相互厮杀，如此每个城邦的公民都能够获得自身的安宁。坚强是必要的：危险就在身边——它潜伏在每一个角落。矫健柔美的身躯，希腊人所特有的、大胆的实在论和非道德主义是一种需要，而不是一种“天性”。它只是随之而来，并非始而有之。所谓的节日和艺术，人们也只是想要经由它们感到自己高高在上，显示自己高高在上，并无其他：这些都是美化自己，让自己在某些情况下对自己感到恐惧的手段……以德国人的方式，根据希腊的哲学家来评判希腊人，比如用苏格拉底学派的虚伪来解释希腊人的本质！……哲学家们毕竟是希腊文化的颓废派，是古代的高贵品味的反动派（——反对好斗的本能，反对城邦，反对种族的价值，反对血统的权威）。苏格拉底的美德之所以被宣扬，是因为希腊人已经失去了这些美德：易怒、胆小、善变，人人都是喜剧演员，他们有太多的理由要向他们自身宣扬道德。并不是说这有什么用，但说大话与高姿态很适合颓废派……

4

我是第一个为了理解更古老的、仍然丰富甚至泛滥的希腊本能，而认真对待那个以狄奥尼索斯为名的奇妙现象的人：它只能用力量的过剩加以解释。任何研究过希腊人的人，比如那位当今在世的最深刻的希腊文化鉴赏家，巴塞尔的雅各布·布克哈特，都会立刻发现，在这方面可以做点什么。布克哈特在他的《希腊人的文化》一书中对上述现象单独设置了一个章节。如果人们想知道与之相反的情形，不妨看看德国语言学家在接触狄奥尼索斯精神时几乎可笑的本能的匮乏。尤其是著名的洛贝克[1]，他就像一只干瘪的书蠹，以一种可敬的自信爬进了这个神秘的世界，并说服自己为了变得科学，轻浮和幼稚到何种令人厌恶的程度——洛贝克付出了一切努力来让人理解所有奇妙现象皆是虚无。事实上，祭司们无非是想告诉一众狂欢的参与者一些不无价值的东西，例如，酒可以刺激欲望；人可以靠果实生活；植物在春天开花，在秋天凋谢。关于那些极其丰富的，起源于酒神狂欢的仪式、象征和神话，古代世界的文字记载简直是铺天盖地。因此，洛贝克在其中发现了一个令他变得更显机智的机会。他在《阿革劳法姆斯》第一卷第672页中写道："希腊人，他们没有别的事情可做，所以他们大笑、跳跃、四处休憩，或者——因为人们有时也有这样的愿望，他们坐下，哭泣和悲叹。后来有人赶来，试图为他们这些引人注目的行为寻一些理由；于是便出现了无数的节日传说和神话，以解释这些习俗。另一方面，人们认为在节日期间发生的那种滑稽的表演，也是节日活动的必要组成部分，并将其当作神圣仪式中必不可少的一部分而留存下来。"——这是可鄙的无稽之

① 洛贝克（1781—1860），德国古典学者。

谈，人们一刻也不会把洛贝克当真。当我们审视温克尔曼和歌德形成的“希腊的”这一概念，发现它与狄奥尼索斯艺术所产生的元素——即酒神狂欢——不相容时，我们的感觉就会完全不同。事实上，我毫不怀疑，歌德会从根本上把这样的东西排除在希腊灵魂的可能性之外。因此，歌德并不了解希腊人。因为只有在狄奥尼索斯的秘仪中，在狄奥尼索斯状态的心理中，希腊人本能的基本事实——它的“生存意志”——方才得以表达。希腊人用这些秘仪做了什么担保？永恒的生命，生命的永恒回归；过去所承诺和奉献的未来；对超越死亡和变化的生命之胜利的肯定。真正的生命是通过生育、性的秘仪而作为整体生命延续的。因此，对于希腊人来说，性的象征本身就是可敬的象征，是整个古代信仰中真正的、深刻的含义。生殖、怀孕和分娩行为中的一切都引起了最崇高、最庄严的感情。在秘仪的教义中，痛苦是神圣的：“产妇的痛苦”完全让痛苦神圣化了——一切生成和生长，一切未来的担保，皆以痛苦为条件……为了永恒创造的快乐，为了生命的意志永恒地肯定自己，也必须永恒地有“产妇的疼痛”……所有这些都可以用狄奥尼索斯这个词来表示：我不知道还有什么比希腊的，即狄奥尼索斯的象征主义更为高级的象征主义了。在这里，生命的最深层本能，即走向生命的未来，走向生命永恒的本能，被以宗教的方式感知——通往生命之路本身，生殖，作为神圣的道路……只有基督教，带着它从根本上对生命的怨恨，把性变成了某些污秽之物；它把污秽扔在了开端，扔在了我们生命的先决条件上……

5

作为一种外溢的生命感和力量感的酒神狂欢心理，即使痛苦也会起到刺激作用，它给了我一把理解悲剧情感的钥匙，而这种情感被亚里士多德，特别是被我们的悲观主义者误解了。悲剧远不能为叔本华意义上的希腊悲观主义证明什么，我们宁可把它看作是悲观主义决定性的拒绝和反例。肯定生命，即使是在其最奇怪和最困难的问题上也如此；生命的意志在其最高类型的牺牲中，为自身的不竭而感受到万分喜悦——这就是我所说的狄奥尼索斯精神，我猜，这就是通往悲剧诗人之心理的桥梁。不是为了摆脱恐惧和怜悯，不是为了通过激烈的释放来净化自身中的一种危险情感——亚里士多德就是这样理解的，而是为了超越恐惧和怜悯，而成为生成的永恒快乐本身——那种也包含毁灭之快乐的快乐……由此，我又回到了一开始出发的地方——“悲剧的诞生”是我对一切价值的第一次重估，借此，我又重新回到我的意志、我的能力所成长的土地上——我，哲学家狄奥尼索斯的最后一个弟子——我，永恒轮回的老师……

锤子的话

——《查拉图斯特拉如是说》第三卷，第 90 页

“为什么如此坚硬！”——一次，厨房里的煤对钻石说，“我们不是近亲吗？”

为什么如此软弱？哦，我的兄弟们，我如此问你们：你们不是——我的兄弟吗？

为什么如此软弱，如此退缩和屈服？为什么你们心中有那么多的否认和拒绝？为什么你们眼中有那么少的命运？

如果你们不想成为命运和倔强的人，将来有一天，你们怎能同我一起——取胜？

如果你的坚硬不想闪光，不想切割，不想割裂，将来有一天，你们怎能同我一起——创造？

因为一切创造者都是坚硬的。你们必须把这当作至高无上的幸福：把你们的手按在千秋之上，如同按在蜡块之上——把这当作至高无上的幸福：在千秋的意志上书写，如同写在矿石之上——比矿石更坚硬，比矿石更高贵。唯有周身坚硬之人才最高贵。

我的弟兄们啊，我把这块新榜置于你们头上：强大起来吧！